書名：地理辨正天玉經內傳要訣圖解
系列：心一堂術數古籍珍本叢刊　堪輿類
作者：程懷榮
主編、責任編輯：陳劍聰
心一堂術數古籍珍本叢刊編校小組：陳劍聰　素聞　梁松盛　鄒偉才　虛白盧主

出版：心一堂有限公司
通訊地址：香港九龍旺角彌敦道六一〇號荷李活商業中心十八樓〇五—〇六室
深港讀者服務中心・中國深圳市羅湖區立新路六號羅湖商業大廈負一層〇〇八室
電話號碼：(852)67150840
網址：publish.sunyata.cc
電郵：sunyatabook@gmail.com
網店：http://book.sunyata.cc
淘寶店地址：https://shop210782774.taobao.com
微店地址：https://weidian.com/s/1212826297
臉書：https://www.facebook.com/sunyatabook
讀者論壇：http://bbs.sunyata.cc/

版次：二零一一年十月初版
平裝

定價：港幣　四百三十八元正
人民幣　四百三十八元正
新台幣　一千七百五十元正

國際書號：ISBN 978-988-8058-79-2

香港發行：香港聯合書刊物流有限公司
地址：香港新界大埔汀麗路36號中華商務印刷大廈3樓
電話號碼：(852)2150-2100
傳真號碼：(852)2407-3062
電郵：info@suplogistics.com.hk

台灣發行：秀威資訊科技股份有限公司
地址：台灣台北市內湖區瑞光路七十六巷六十五號一樓
電話號碼：+886-2-2796-3638
傳真號碼：+886-2-2796-1377
網絡書店：www.bodbooks.com.tw
台灣國家書店讀者服務中心：
地址：台灣台北市中山區松江路二〇九號一樓
電話號碼：+886-2-2518-0207
傳真號碼：+886-2-2518-0778
網絡書店：http://www.govbooks.com.tw

中國大陸發行　零售：深圳心一堂文化傳播有限公司
深圳地址：深圳市羅湖區立新路六號羅湖商業大廈負一層〇〇八室
電話號碼：(86)0755-82224934

心一堂微店二維碼

心一堂淘寶店二維碼

心一堂術數古籍珍本叢刊 總序

術數定義

術數，大概可謂以「推算、推演人（個人、群體、國家等）、事、物、自然現象、時間、空間方位等規律及氣數，並或通過種種『方術』，從而達致趨吉避凶或某種特定目的」之知識體系和方法。

術數類別

我國術數的內容類別，歷代不盡相同，例如《漢書・藝文志》中載，漢代術數有六類：天文、曆譜、無行、蓍龜、雜占、形法。至清代《四庫全書》，術數類則有：數學、占候、相宅相墓、占卜、命書、相書、陰陽五行、雜技術等，其他如《後漢書・方術部》、《藝文類聚・方術部》、《太平御覽・方術部》等，對於術數的分類，皆有差異。古代多把天文、曆譜、及部份數學均歸入術數類，而民間流行亦視傳統醫學作為術數的一環；此外，有些術數與宗教中的方術亦往往難以分開。現代學界則常將各種術數歸納為五大類別：命、卜、相、醫、山，通稱「五術」。

本叢刊在《四庫全書》的分類基礎上，將術數分為九大類別：占筮、星命、相術、堪輿、選擇、三式、讖緯、理數（陰陽五行）、雜術。而未收天文、曆譜、算術、宗教方術、醫學。

術數思想與發展——從術到學，乃至合道

我國術數是由上古的占星、卜蓍、形法等術發展下來的。其中卜蓍之術，是歷經夏商周三代而通過「龜卜、蓍筮」得出卜（卦）辭的一種預測（吉凶成敗）術，之後歸納並結集成書，此即現傳之《易經》。經過春秋戰國至秦漢之際，受到當時諸子百家的影響、儒家的推崇，遂有《易傳》等的出現，原本是卜蓍術書的《易經》，被提升及解讀成有包涵「天地之道（理）」之學。因此，《易・繫辭傳》曰：「易與天地準，故能彌綸天地之道。」

漢代以後，易學中的陰陽學說，與五行、九宮、干支、氣運、災變、律曆、卦氣、讖緯、天人感應說等相結

合，形成易學中象數系統。而其他原與《易經》本來沒有關係的術數，如占星、形法、選擇，亦漸漸以易理（象數學說）為依歸。《四庫全書‧易類小序》云：「術數之興，多在秦漢以後。要其旨，不出乎陰陽五行，生尅制化。實皆《易》之支派，傳以雜說耳。」至此，術數可謂已由「術」發展成「學」。

及至宋代，術數理論與理學中的河圖洛書、太極圖、邵雍先天之學及皇極經世等學說給合，通過術數以演繹理學中「天地中有一太極，萬物中各有一太極」（《朱子語類》）的思想。術數理論不單已發展至十分成熟，而且也從其學理中衍生一些新的方法或理論，如《梅花易數》、《河洛理數》等。

在傳統上，術數功能往往不止於僅僅作為趨吉避凶的方術，及「能彌綸天地之道」的學問，亦有其「修心養性」的功能，「與道合一」（修道）的內涵。《素問‧上古天真論》：「上古之人，其知道者，法於陰陽，和於術數。」數之意義，不單是外在的算數、歷數、氣數，而是與理學中同等的「道」、「理」——心性的功能，北宋理氣家邵雍對此多有發揮：「聖人之心，是亦數也」、「萬化萬事生乎心」、「心為太極」。《觀物外篇》：「先天之學，心法也。……蓋天地萬物之理，盡在其中矣，心一而不分，則能應萬物。」反過來說，宋代的術數理論，受到當時理學、佛道及宋易影響，認為心性本質上是等同天地之太極。天地萬物氣數規律，能通過內觀自心而有所感知，即是內心也已具備有術數的推演及預測、感知能力；相傳是邵雍所創之《梅花易數》，便是在這樣的背景下誕生。

《易‧文言傳》已有「積善之家，必有餘慶；積不善之家，必有餘殃」之說，至漢代流行的災變說及讖緯說，我國數千年來都認為天災，異常天象（自然現象），皆與一國或一地的施政者失德有關；下至家族、個人之盛衰，也都與一族一人之德行修養有關。因此，我國術數中除了吉凶盛衰理數之外，人心的德行修養，也是趨吉避凶的一個關鍵因素。

術數與宗教、修道

在這種思想之下，我國術數不單只是附屬於巫術或宗教行為的方術，又往往已是一種宗教的修煉手段——通過術數，以知陰陽，乃至合陰陽（道）。「其知道者，法於陰陽，和於術數。」例如，「奇門遁甲」術中，即分為「術奇門」與「法奇門」兩大類。「法奇門」中有大量道教中符籙、手印、存想、內煉的內容，是道教內丹外法的一種重要外法修煉體系。甚至在雷法一系的修煉上，亦大量應用了術數內容。此外，相術、堪輿術中也有修煉望氣色的方法；堪輿家除了選擇陰陽宅之吉凶外，也有道教中選擇適合修道環境（法、財、侶、地中的地）的方法，以至通過堪輿術觀察天地山川陰陽之氣，亦成為領悟陰陽金丹大道的一途。

易學體系以外的術數與的少數民族的術數

我國術數中，也有不用或不全用易理作為其理論依據的，如楊雄的《太玄》、司馬光的《潛虛》。也有一些占卜法、雜術不屬於《易經》系統，不過對後世影響較少而已。

外來宗教及少數民族中也有不少雖受漢文化影響（如陰陽、五行、二十八宿等學說）但仍自成系統的術數，如古代的西夏、突厥、吐魯番等占卜及星占術，藏族中有多種藏傳佛教占卜術、苯教占卜術、擇吉術、推命術、相術等；北方少數民族有薩滿教占卜術；不少少數民族如水族、白族、布朗族、佤族、彝族、苗族等，皆有占雞（卦）草卜、雞蛋卜等術，納西族的占星術、占卜術，彝族畢摩的推命術、占卜術…等等，都是屬於《易經》體系以外的術數。相對上，外國傳入的術數以及其理論，對我國術數影響更大。

曆法、推步術與外來術數的影響

我國的術數與曆法的關係非常緊密。早期的術數中，很多是利用星宿或星宿組合的位置（如某星在某州或某宮某度）付予某種吉凶意義，并據之以推演，例如歲星（木星）、月將（某月太陽所躔之宮次）等。不過，由於不同的古代曆法推步的誤差及歲差的問題，若干年後，其術數所用之星辰的位置，已與真實星辰的位置不一樣了；此如歲星（木星），早期的曆法及術數以十二年為一周期（以應地支），與木星真實周期十一點八六年，每幾十年便錯一宮。後來術家又設一「太歲」的假想星體來解決，是歲星運行的相反，週期亦剛好是十二年。而術數中的神煞，很多即是根據太歲的位置而定。又如六壬術中的「月將」，原是立春節氣後太陽躔娵訾之次而稱作「登明亥將」，至宋代，因歲差的關係，要到雨水節氣後太陽才躔娵訾之次，當時沈括提出了修正，但明清時六壬術中「月將」仍然沿用宋代沈括修正的起法沒有再修正。

由於以真實星象周期的推步術是非常繁複，而且古代星象推步術本身亦有不少誤差，大多數術數除依曆書保留了太陽(節氣)、太陰(月相)的簡單宮次計算外，漸漸形成根據干支、日月等的各自起例，以起出其他具有不同含義的眾多假想星象及神煞系統。唐宋以後，我國絕大部份術數都主要沿用這一系統，也出現了不少完全脫離真實星象的術數，如《子平術》、《紫微斗數》、《鐵版神數》等。後來就連一些利用真實星辰位置的術數，如《七政四餘術》及選擇法中的《天星選擇》，也已與假想星象及神煞混合而使用了。

隨着古代外國曆(推步)、術數的傳入，如唐代傳入的印度曆法及術數，元代傳入的回回曆等，其中我國占星術便吸收了印度占星術中羅睺星、計都星等而形成四餘星，又通過阿拉伯占星術而吸收了其中來自希臘、巴比倫占星術的黃道十二宮、四元素學說(地、水、火、風)，並與我國傳統的二十八宿、五行說、神煞系統並存而形成《七政四餘術》。此外，一些術數中的北斗星名，不用我國傳統的星名：天樞、天璿、天璣、天權、玉衡、開陽、搖光，而是使用來自印度梵文所譯的：貪狼、巨門、祿存、文曲，廉貞、武曲、破軍等，此明顯是受到唐代從印度傳入的曆法及占星術所影響。如星命術的《紫微斗數》及堪輿術的《撼龍經》等文獻中，其星皆用印度譯名。及至清初《時憲曆》，置潤之法則改用西法「定氣」。清代以後的術數，又作過不少的調整。

術數在古代社會及外國的影響

術數在古代社會中一直扮演着一個非常重要的角色，影響層面不單只是某一階層、某一職業、某一年齡的人，而是上自帝王，下至普通百姓，從出生到死亡，不論是生活上的小事如洗髮、出行等，大事如建房、入伙、出兵等，從個人、家族以至國家，從天文、氣象、地理到人事、軍事，從民俗、學術到宗教，都離不開術數的應用。如古代政府的中欽天監(司天監)，除了負責天文、曆法、輿地之外，亦精通其他如星占、選擇、堪輿等術數，除在皇室人員及朝庭中應用外，也定期頒行日書、修定術數，使民間對於天文、日曆用事吉凶及使用其他術數時，有所依從。

在古代，我國的漢族術數，甚至影響遍及西夏、突厥、吐蕃、阿拉伯、印度、東南亞諸國、朝鮮、日本、越南等地，其中朝鮮、日本、越南等國，一至到了民國時期，仍然沿用着我國的多種術數。

術數研究

術數在我國古代社會雖然影響深遠，「是傳統中國理念中的一門科學，從傳統的陰陽、五行、九宮、八卦、河圖、洛書等觀念作大自然的研究。……傳統中國的天文學、數學、煉丹術等，要到上世紀中葉始受世界學者肯定。可是，術數還未受到應得的注意。術數在傳統中國科技史、思想史，文化史、社會史，甚至軍事史都有一定的影響。……更進一步了解術數，我們將更能了解中國歷史的全貌。」（何丙郁《術數、天文與醫學 中國科技史的新視野》，香港城市大學中國文化中心。）

可是術數至今一直不受正統學界所重視，加上術家藏秘自珍，又揚言天機不可洩漏，「（術數）乃吾國科學與哲學融貫而成一種學說，數千年來傳衍嬗變，或隱或現，全賴一二有心人為之繼續維繫，賴以不絕，其中確有學術上研究之價值，非徒癡人說夢，荒誕不經之謂也。其所以至今不能在科學中成立一種地位者，實有數困。蓋古代士大夫階級目醫卜星相為九流之學，多恥道之；而發明諸大師又故為惝恍迷離之辭，以待後人探索；間有一二賢者有所發明，亦秘莫如深，既恐洩天地之秘，復恐譏為旁門左道，始終不肯公開研究，成立一有系統說明之書籍，貽之後世。故居今日而欲研究此種學術，實一極困難之事。」（民國徐樂吾《子平真詮評註》，方重審序）

現存的術數古籍，除極少數是唐、宋、元的版本外，絕大多數是明、清兩代的版本。其內容也主要是明、清兩代流行的術數，唐宋以前的術數及其書籍，大部份均已失傳，只能從史料記載、出土文獻、敦煌遺書中稍窺一鱗半爪。

術數版本

坊間術數古籍版本，大多是晚清書坊之翻刻本及民國書賈之重排本，其中豕亥魚魯，或而任意增刪，往往文意全非，以至不能卒讀。現今不論是術數愛好者，還是民俗、史學、社會、文化、版本等學術研究者，要想得一常見術數書籍的善本、原版，已經非常困難，更遑論稿本、鈔本、孤本。在文獻不足及缺乏善本的情況下，要想對術數的源流、理法、及其影響，作全面深入的研究，幾不可能。

有見及此，本叢刊編校小組經多年努力及多方協助，在中國、韓國、日本等地區搜羅了一九四九年以前漢文為主的術數類善本、珍本、鈔本、孤本、稿本、批校本等千餘種，精選出其中最佳版本，以最新數碼技術清理、修復版面，更正明顯的錯訛，部份善本更以原色精印，務求更勝原本，以饗讀者。不過，限於編校小組的水平，版本選擇及考證、文字修正、提要內容等方面，恐有疏漏及舛誤之處，懇請方家不吝指正。

心一堂術數古籍珍本叢刊編校小組

二零零九年七月

《地理辨正天玉經內傳要訣圖解》提要

《地理辨正天玉經內傳要訣圖解》一冊不分卷。綫裝。華陽程懷榮撰。清精鈔本。未刊稿。虛白廬藏本。

三元玄空之學，自明末清初地仙蔣大鴻先生輯刻《地理辨正》一書以來，力闢偽法，大聲疾呼，遂尉為堪輿學之正宗，影響後世極其深遠。由以蔣氏主張守秘，天律有禁，此術絕不可妄傳非人，除其親授之門下弟子，外人實不能得其作法真相。以致猜測、破解蔣法之著，甚至駁斥、否定蔣氏之論，一時湧現，眾說紛紜，莫衷一是。清代中葉，大江南北之玄空學已有六大派之分，皆宗蔣氏，其說不一。迄清末則分派愈多，甚且有撰述一書即成一家之況，至今仍然方興未艾。

蔣氏自述其最初得無極子之真傳，是「有訣無書，貴在心傳」。後輯《地理辨正》、撰《天元五歌》等，則是「傳書不傳訣」，書中雖已把玄空理法提綱挈領予以注明，唯將真訣隱藏，留授門人。故凡得蔣氏真訣者，於讀《地理辨正》、《天元五歌》時則頭頭是道，暢通明白。雖云真訣乃口口相傳，而蔣氏門人數傳之後，已逐漸將真訣心得筆錄成書，作為家傳或授徒之秘本，皆未刊刻，唯以鈔本形式內部留傳。因此，後世若想揭秘蔣法，可於其門人傳下之秘本中，略窺入路。

三百年來，蔣氏門人中有秘本傳下而至今，史籍又可考者，唯得六人：丹陽張仲馨、丹徒駱士鵬、檇李沈億年、臨安于鴻儀、山陰呂相烈、會稽姜垚（尚有端陽項木林，著有《蔣徒傳天玉經補註》（心一堂術數珍本古籍叢刊已整理出版），待考），後世各派闡述蔣法之人，所本即不出此數人而已。其中又以張仲馨、于鴻儀、姜垚三人影響較大，系內留傳之秘本亦為較多。歷年以來，心一堂術數珍本古籍叢刊編校小組經眼者已不下百餘本，其中尤以虛白廬主人所藏為精，已涵括各派系不同源流之鈔本。

凡此諸多精鈔秘本，雖其文字演繹簡繁不一，此詳彼略，各有側重，因皆源自蔣氏一脈，故而內容實多雷同，正可取長補短，相互發明。今特選其中較精之數本，與予公開，若能配合已刊刻之書對讀，有書有訣，當有助於清代三元家風水作法之實況，信而可徵。

蔣氏三元法乃以河洛為本、先後天八卦為宗。凡秘本多有四句綱領口訣云：「河圖辨陰陽之交媾，洛書察甲運之興衰。先天八卦查氣用於穴中，後天八卦看形用於外象。」此四句已點明四者體用不同，學者不可混淆。

河圖只有老少陰陽之四象，不論方位，唯以交媾之對待論五行。先天八卦本諸河圖，一生一成，零正對待，三元氣運乃分，正氣入穴，此為體。洛書已有八方，天運流行之數分佈九宮，唯以流行之數論興衰。後天八卦本諸洛書，隨元流行，分方佈位，生尅制化乃彰，形理兼察，此為用。三元九宮之理，本於河圖；三元九宮之位，本於洛書。先天辨體，五黃居中不動，故八方零正對待。後天入用，五黃隨氣流行，故九宮飛星分佈。但先後天體用亦不能截然分割，會通二者，方可以言地理之正宗。

《青囊經》中已明示「順五兆、用八卦。排六甲、布八門。推五運、定六氣」為玄空風水之作法程序，而蔣氏在〈傳〉中更予進一步註出：「以五星之正變審象，以八方之衰旺審位。以六甲之紀年審運，以八風之開闔審氣。以五紀之盈虛審歲，以六氣之代謝審令。」象、位、運、氣、歲、令六者，即為全部堪輿之道。

明白以上體用關鍵，則可知龍祖出脈入穴、龍水對待兼收、合龍合向收山出煞、零正顛倒、正變四十八局、三大卦、東西四卦、七星打劫等等玄空作法之理。亦可解山水分用之不同、旋宮飛宮之差別、三元分東西兩片之奧旨。其中，「甲癸申、貪狼一路行」，為挨山訣；「子癸並甲申、貪狼一路行」則為挨水訣，此正是「山上龍神不下水，水裡龍神不上山」之具體入用口訣。蔣氏一脈以水龍為貴，一因其地近江浙一帶，亦謂此乃郭璞、楊筠松一脈相承之風水隱義。

本書作者程懷榮，華陽人，生平不詳。然書中有引述「無礙子」之語，按「無礙子」是乾隆年間三元玄空名家周東山之號，所指或為同一人。周東山有三元玄空著作數種，輯錄於《蔣氏家傳地理真書》及虛白廬藏的數種秘本中（包括蔣大鴻先生首徒張仲馨一脈之秘本），可知周東山確是蔣氏真傳一脈。

書中有「不種德，勿語。」及「天機秘旨，不敢輕洩；皆在傳內，勿傳匪人」等語，可知此書是不刊刻，過去均為必須守秘而不公開之門內資料。由是之故，此書不同於一般公開刊刻三元玄空之書籍，沒有因「天律有禁」而在關鍵地方吞吞吐吐之病，大多一語道破，又輔以圖解，圖文并茂。惟恐讀者不明白，反覆申明。本鈔本為珍貴及秘密的玄空法資料，若能持之與公開刊刻之《地理辨正》中〈天玉經內傳〉對讀，當有會心，可以窺知作者程懷榮傳下的三元玄空真傳奧秘。

為令此稀見鈔本不致湮沒，特將原稿以最新數碼技術修復，用彩色精印，一以作玄空法訣資料保存，一以供同道中人參考研究。

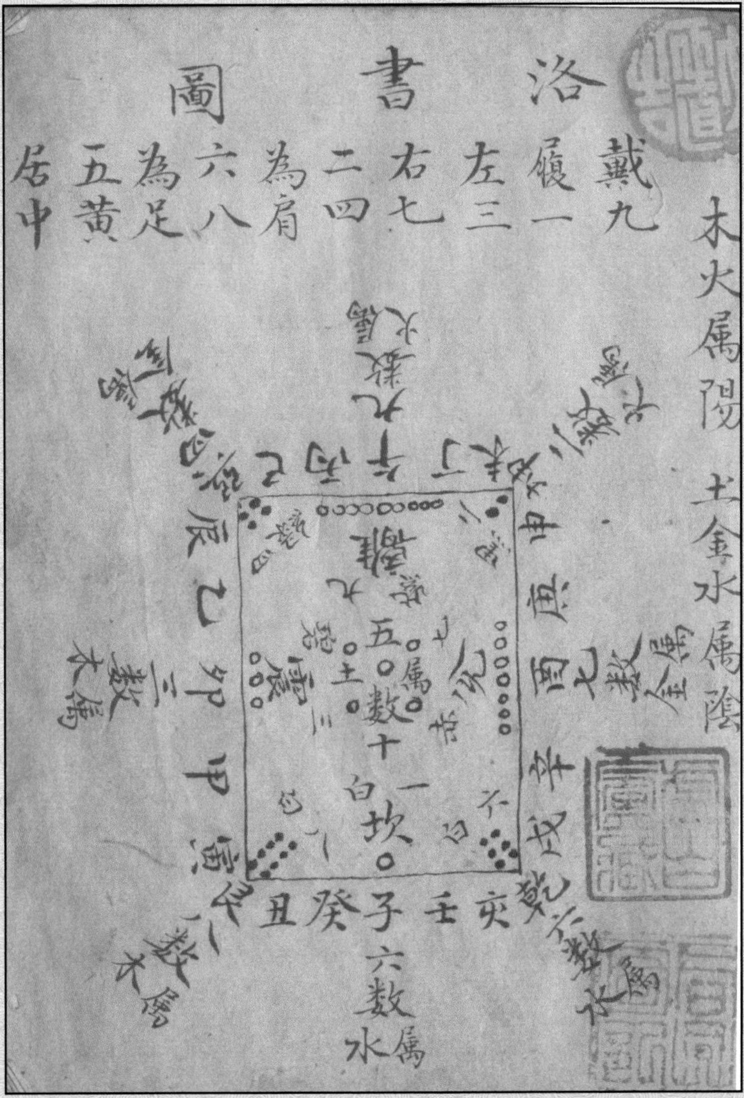
洛書圖
戴九履一
左三右七
二四為肩
六八為足
五黃居中
木火屬陽
土金水屬陰
六數水屬

洛書之數天一生水地六成之乾則為天而六居其位何也乾本為陽經云老陽不生若如一點則純陽矣故以六點居其位則陰陽配合然後有生成之象也地二生火天九成之而九則為火何也離宮有九點離即屬火且與坤地相連取其火能生土之義故天九成之天三生木地八成之艮則屬土而洛書屬木何也蓋艮居東北之陽受東方木氣近北方水生取其水木相生之義故地八成之地四生金宜天九成之今則天七成之何也蓋離宮屬火則火剋金矣故以金旺於酉而得以成之也且金亦受生於巳四七為金是為意耳天五生土地十成之位乎中央黄德之宮焉

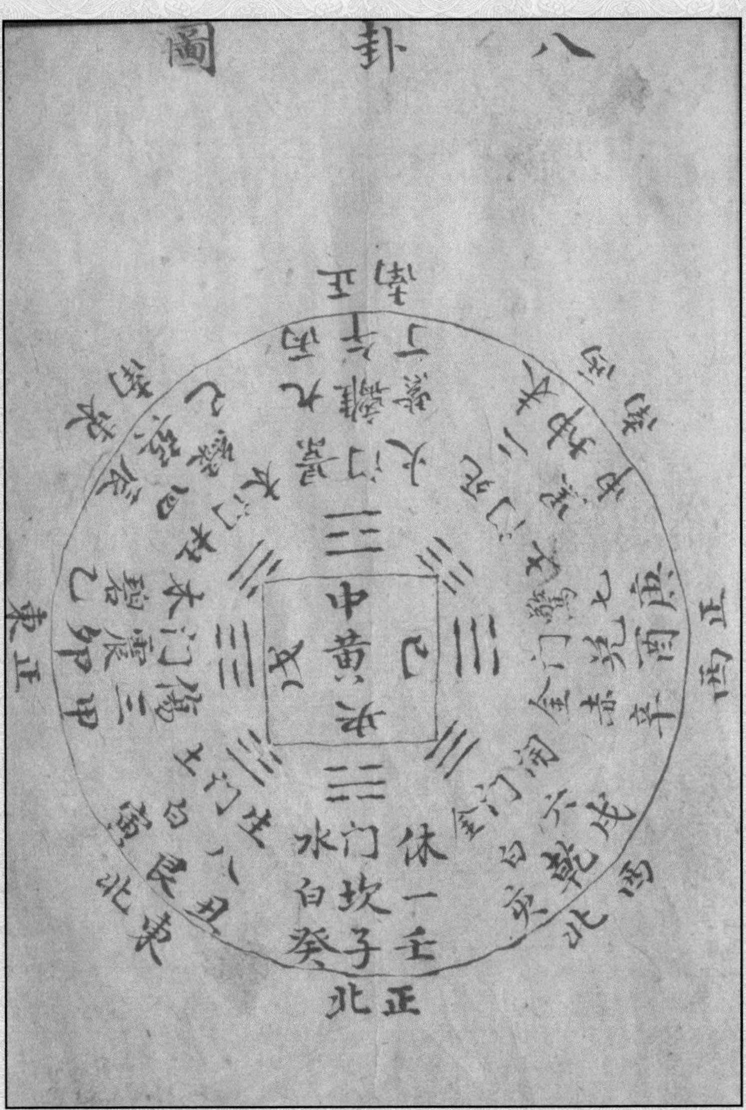
八卦圖
正南
正西
正北
正東

地理辨正天玉經內傳要訣　華陽程懷榮輯

江東一卦從來吉八神四個一江西一卦排龍位八神四個二南北八神共一卦端的應無差

上元取西環水故名江東下元取東環水故名江西一卦者一元之卦也從來盡從一卦中來也排龍位盡在一卦排列也一元中正神四零神四正神主山零神主水分言之則有八神合言之則維四個也江東云之者河圖天一生水其位在北先天之坤後天之坎上元之主卦也江西云之者河圖地二生火其位在南先天之乾後天之離下

元之主卦也南北即承上二言之對待之義也八神皆可作南北觀故云共一卦是則山水同元陰陽交媾玄空大卦之妙用也于此審認端的決無差錯矣

東者東方屬木木為仁仁居其首故曰一卦八神者寅甲卯乙辰巽巳丙是也四個一者言寅甲乙辰屬陽奇數也八神四個一者陽也

西者西方屬金金主義義居其次故曰二卦八神者申庚酉辛

戌乾亥壬是也四個二者言庚酉辛亥屬陰偶數也八神四個二者也
離屬火坎為水坤艮屬土火主禮水主智土主信是水無土不
能以生木火無土不能以生金故水火土共為一卦八神者言子
癸丑艮午丁未坤是也亦有四陰四陽與東西二卦相合故
曰無差若以四經而論午坤丑艮在二龍之內丁在三龍之內未
巽在四龍之內子在一龍之內其理未然教高明者詳
之

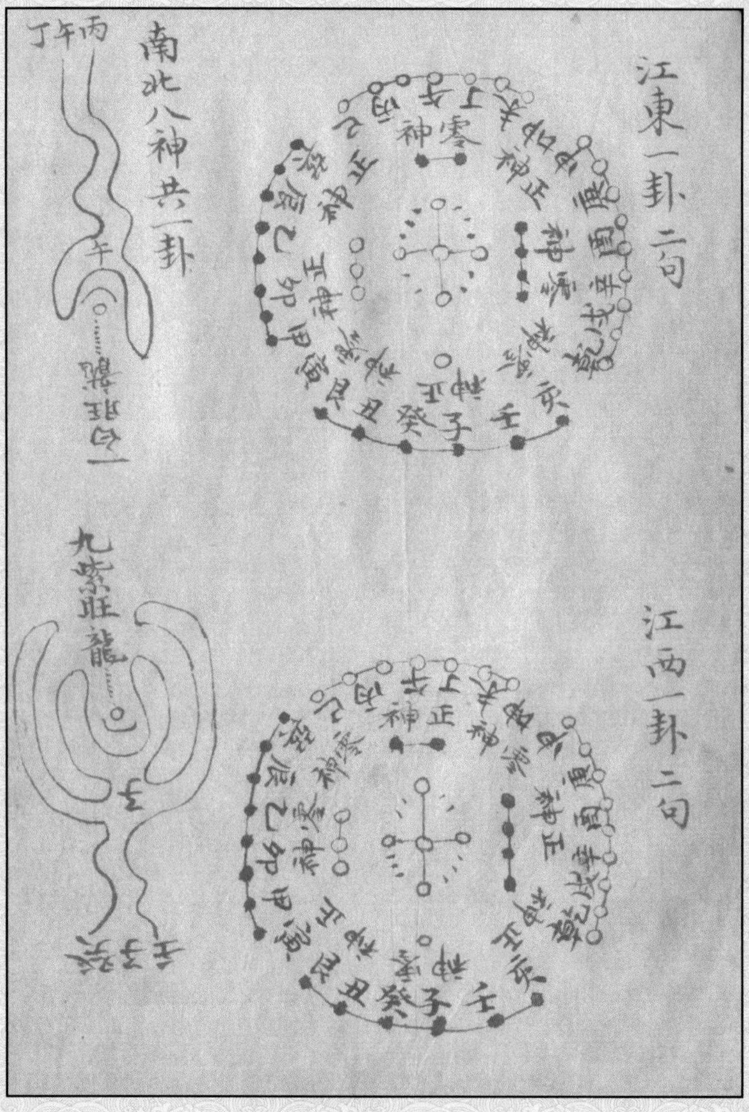
江東一卦二句
南北八神共一卦
江西一卦二句
九紫旺龍

二十四龍管三卦。莫與時師話。忽然知得便通仙。代代鼓騈闐。

二十四龍。本是八卦。而八卦又分為三卦。乃一元中當令之龍。只有三卦隨時用事也。

二十四山。分為三卦。每卦俱有奇偶各半。則言四一四二。識得陰陽。能知預先禍福。可通仙矣。

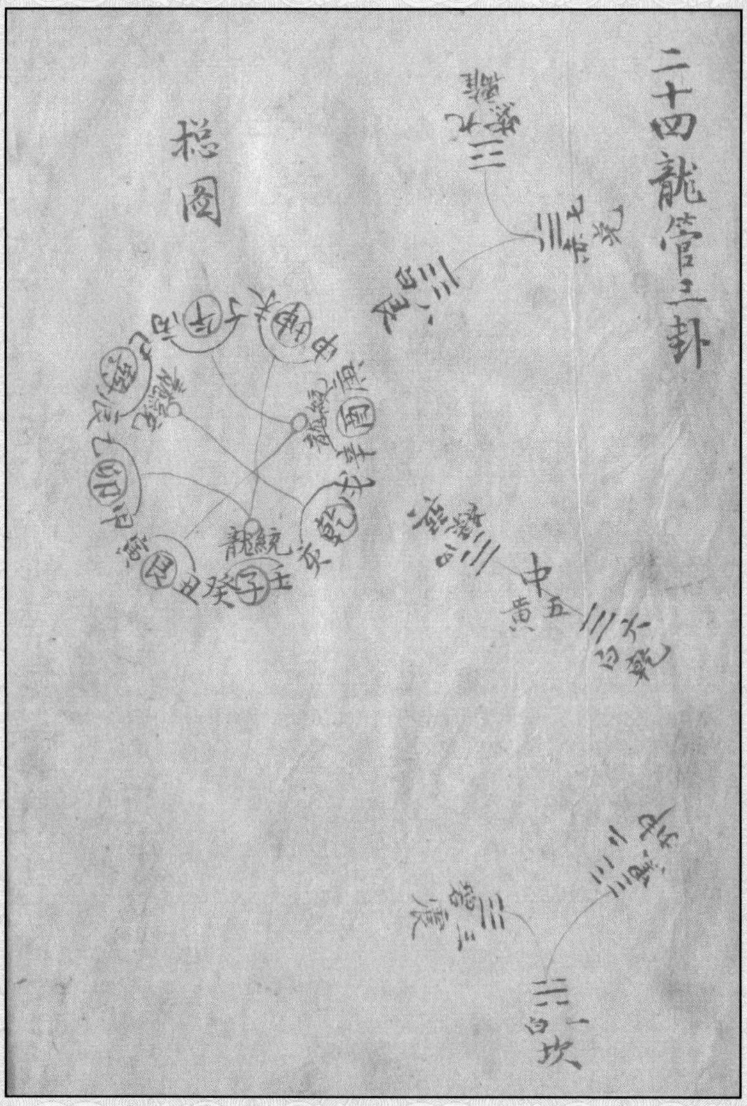
二十四龍管三卦
総圖

天卦江東掌上尋知了值千金地畫八卦誰能會山與水相對

江東言天卦者即天一生水之義也地畫八卦不言江西而其為江西為地二生火可知江東江西劈分兩元而元中之卦固有不止于東西者故須掌上尋之蓋指排山掌訣也山水相對即所云南北共一卦也山以正神言水以零神言正神零神常對待而起也

又云天卦者天父卦也以對宮起貪法尋三吉者何宮便知吉凶假如乾甲龍酉丁巳丑是貪狼宜高大主長子發福卯庚亥未是巨門主絕子巽陰坤乙是祿存主婦女不良子癸申辰是文曲主淫慾自縊巽辛

是廉貞主火災長子遭殃艮丙是武曲仲子榮昌午寅壬戌是破軍主孤寡幼子刑傷乾甲輔弼遇吉吉遇凶凶如遇貪巨武方宜高大此係陽宅論方之旨陰基立向之要也又如酉丁巳丑龍貪狼在乾甲巨門在午壬寅戌祿存艮丙文曲在巽辛廉貞在子癸申辰武曲在坤乙破軍在卯庚亥未輔弼在酉丁巳丑卯庚亥未龍貪離巨乾武坎子癸申辰龍貪巽巨艮武震坤乙龍貪艮巨巽武兌巽辛龍貪坎巨坤武離艮丙龍貪坤巨坎武　乾午壬寅戌龍貪震巨兌武巽此係對宮起貪之法如吳景鸞先生扦新安府基卯

龍入首係震宮立丙向是天三生木地八成之謂甲門者甲乃龍之六秀又係巨門吉方故主五百年後必產大才見酉未巽巳双吉之水雖言東卦吉利而已丑為本龍破軍巽為祿存是少女位破等故主乙庚之歲損嬰孩而乙丑乙酉乙巳尤甚庚子庚辰庚申次之餘歲不為大害此乃龍水相對堪輿家不可不知也

地卦者地母卦也每卦俱從向上起輔弼過貪巨輔武吉破祿文廉凶陰陽二宅看水極妙天卦中有貪巨輔武之吉星地卦內亦有貪巨輔武之吉宿一從龍起一從向起合斷吉凶山水相對者也

天卦江東掌上尋二句

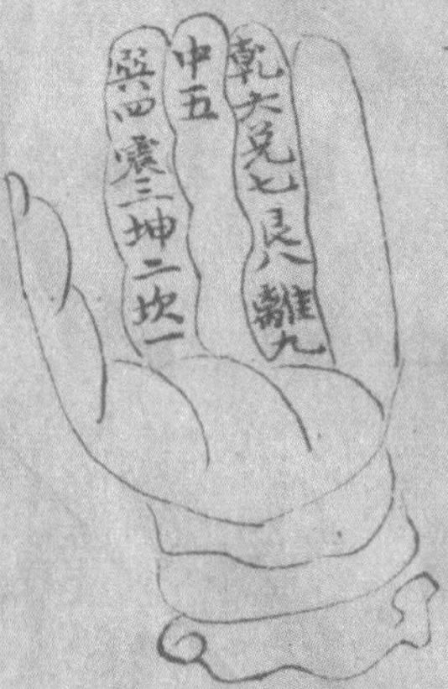

地畫八卦誰能會二句

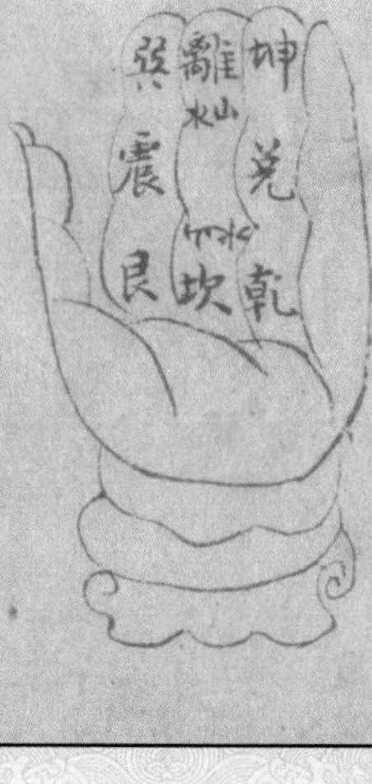

父母陰陽仔細尋前後相兼定前後相兼兩路看分定兩邊安

父母卦位之中爻陰陽左右兩片之陰陽也左右兩爻最易夾雜須兼定中爻父母胎元始真而立穴定向又須那移爻位令左右分數適均則一卦陰陽盡收入矣

父母陰陽即生氣卦之陰陽用先天之五行是後天之方位用後天之五行不離乎先天之正理先天論龍後天定向配合正水兼而用之地母卦從向起輔生氣卦從向起貪看來水以定吉凶生氣見後

父母陰陽仔細尋

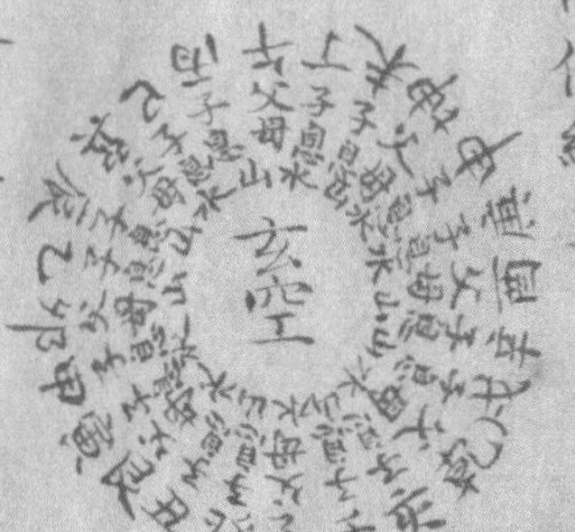

前後相兼兩路看分定兩邊安

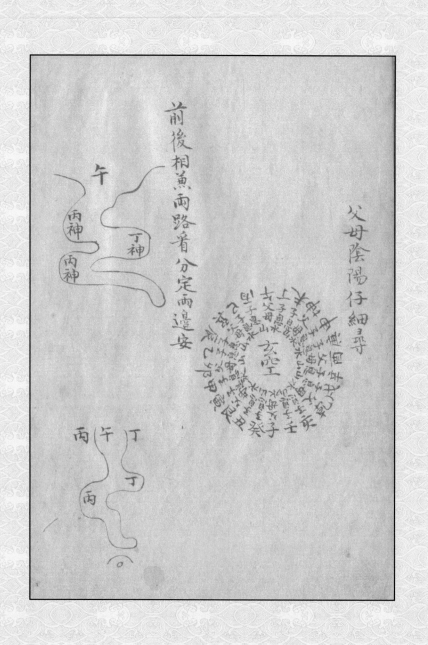

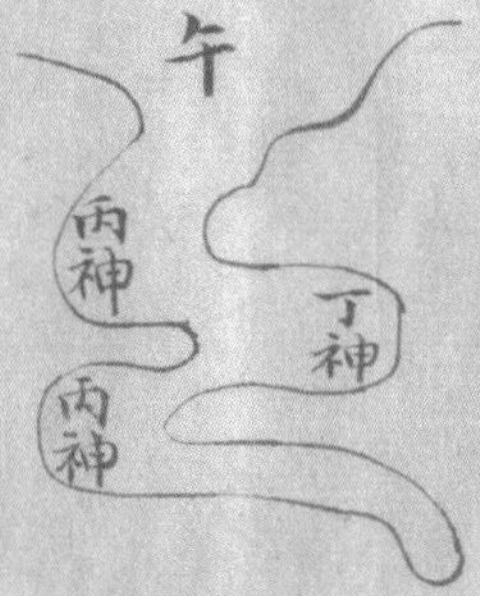

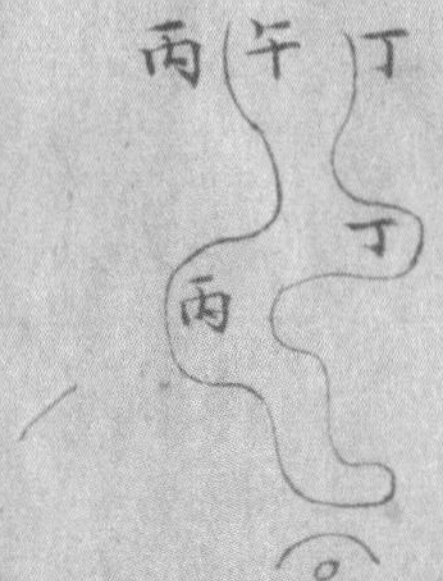

卦內八卦不出位代代人尊貴向水流歸一路行到處有聲名龍

行出卦無官貴不用勞心力只把天醫福德裝未解見榮光

卦內之卦玄空大卦也玄空大卦止有三卦同元為吉在三卦之

內為不出卦吉在三卦之外為出卦凶又從向上審水俱從

本元一路而行斯為全美若龍已出卦不足用也天醫即巨

門從上下對宮起貪狼福德即武曲從五黃變起貪狼此

俗師所奉以評山洋水者禍福全無憑也

其中有二卦一從龍起一從向起如乾卦見巽艮坤離山水

向俱在本卦之中。主富貴而有聲名。謂之出位。若用兑震坎卦。山水之向謂之出卦。主無官貴。時師空把天醫福德裝也。餘卦倣此。

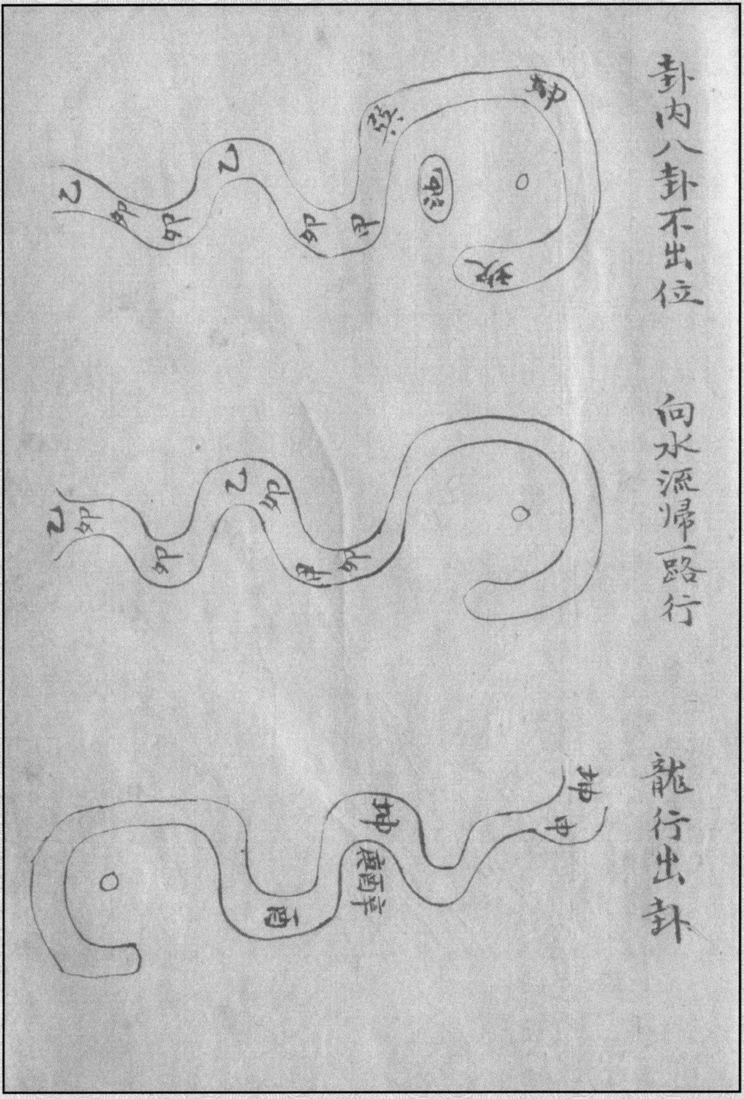
卦內八卦不出位
向水流歸一路行
龍行出卦

倒排父母蔭龍位。山向同流水。十二陰陽一路排。摠是卦中来。
陰陽交媾。但是倒排之法。故正神當令。須倒用零神之水。以蔭之。子
得母以生。母得子以養也。倒排雖若互異。而各異依元運則同
故山有山之十二陰陽。水有水之十二陰陽。順逆排之。摠為一路者。
以其並從玄空大卦中来也。
倒排以入首為主。與龍水相合。乃立一向。亦與龍水相合。十
二陰陽。皆不出父母天地之卦。山水亦然。

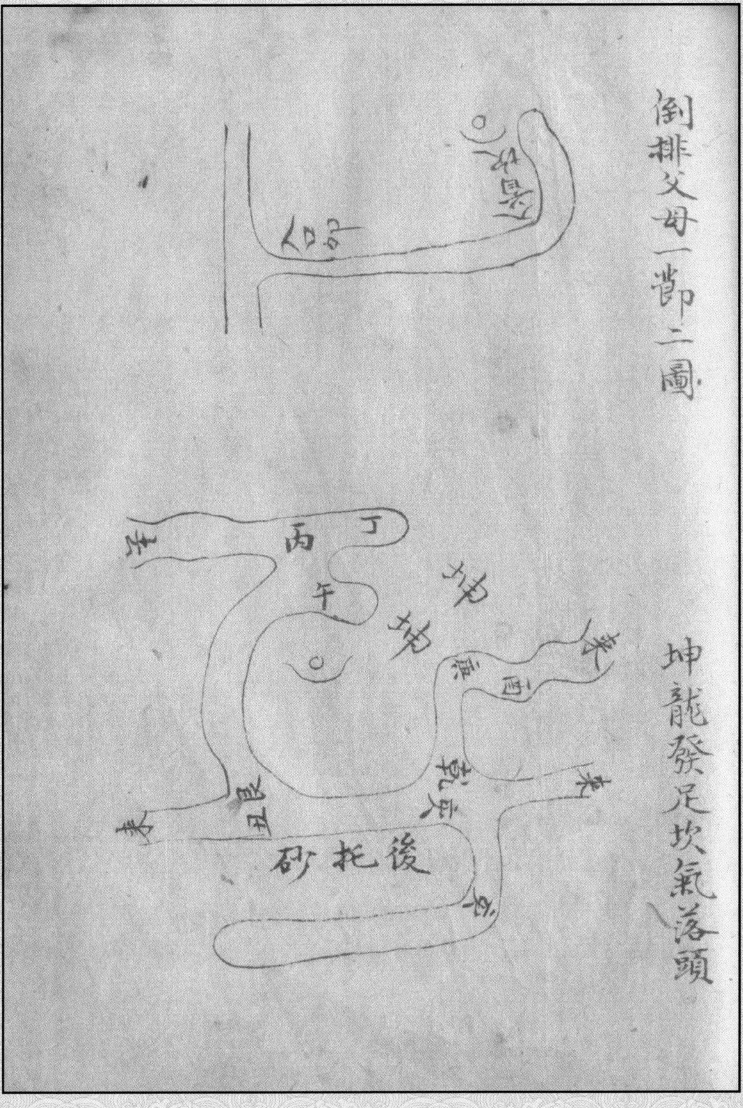
倒排父母一節二圖
坤龍發足坎氣落頭
丁
丙
午
坤
坤
後托砂

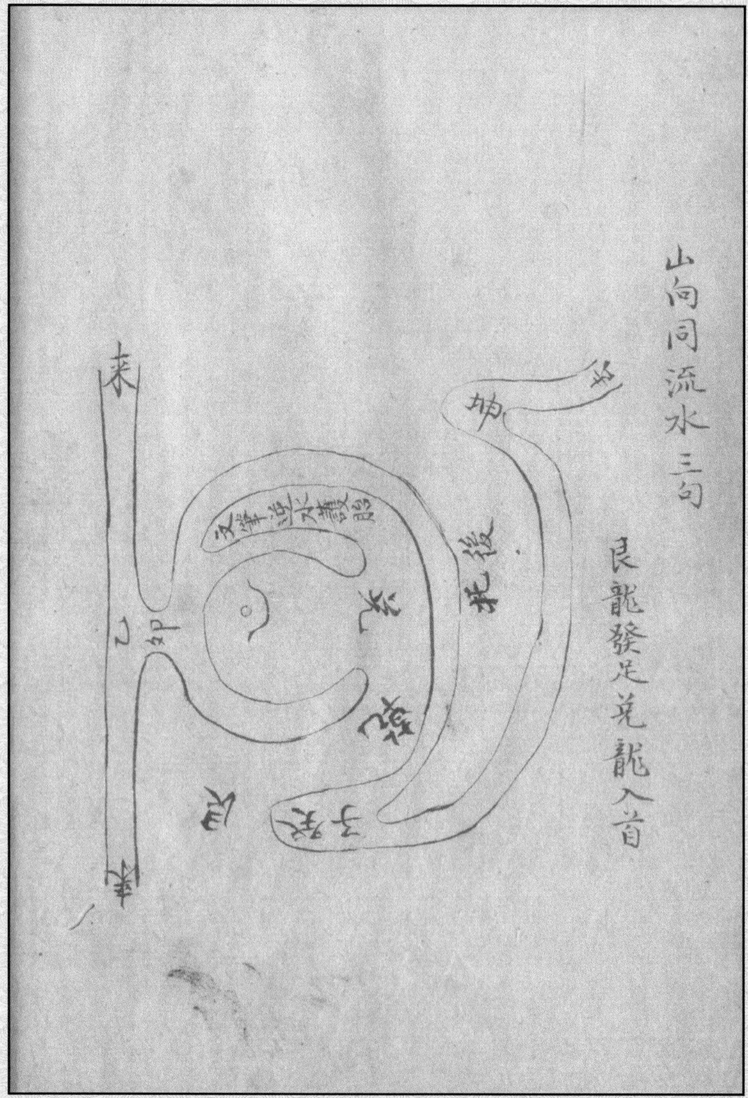
山向同流水三句
艮龍發足乾龍入首

関天関地定雌雄。富貴此中逢。翻天倒地對不同。秘密在玄空

天卦地卦乃兩元之大関鍵。雌山雄水以此為限。而後一氣清純富貴可决。山在天卦。即水在地卦。山在地卦。即水在天卦。翻天倒地。兩兩反對。各自不同。其互為生旺之秘旨。固在玄空卦也。関天地者。天有五星地有五星。雌雄分十二陰陽而言。翻天倒地者。指不知天卦中之吉凶。地卦中之禍福也。玄空詳見排星節。五行之下仔細看。

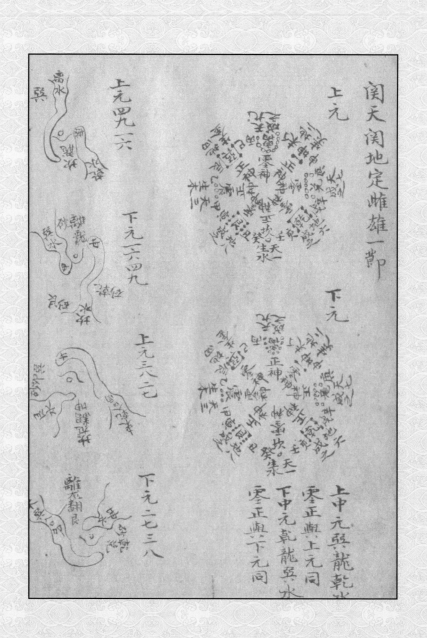

関天関地定雌雄一節

上元

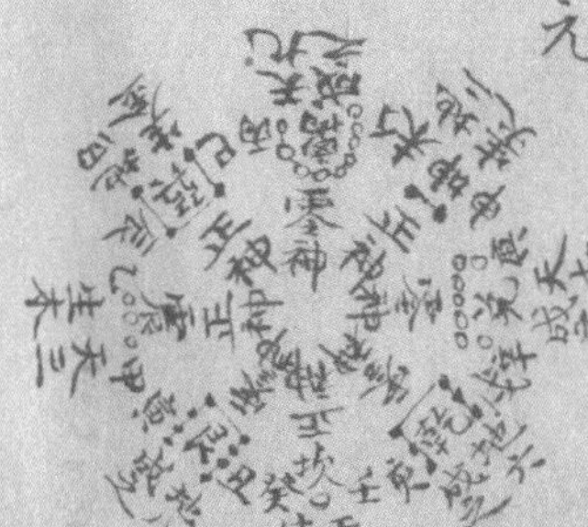

下元

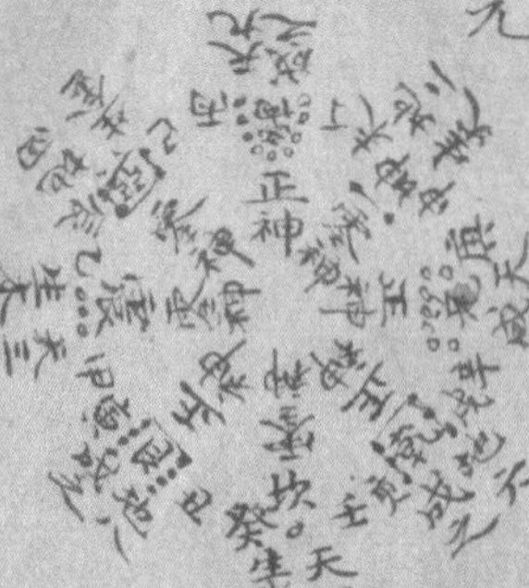

上中元巽龍乾水
零正與上元同
下中元乾龍巽水
零正與下元同

上元四九一六

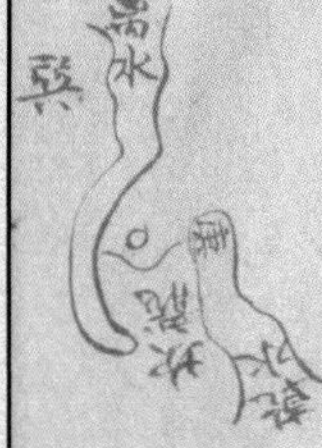

下元一六四九

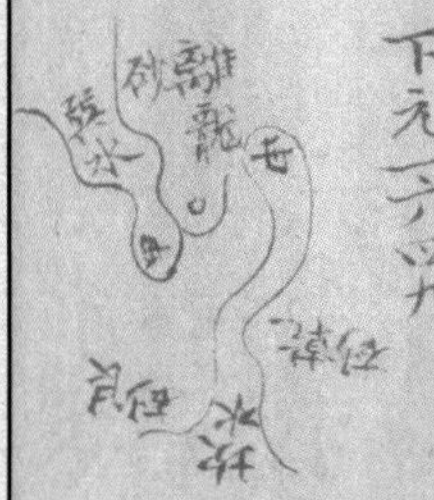

上元三八二七

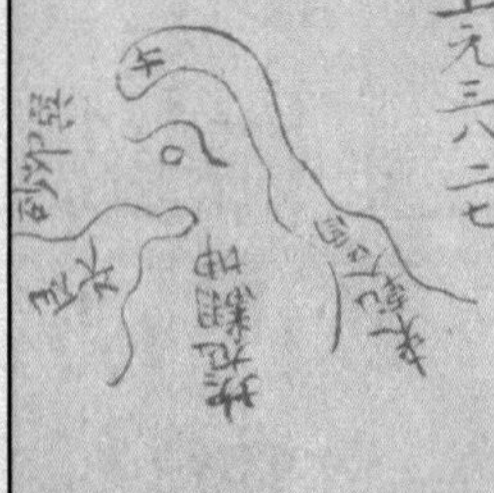

下元二七三八

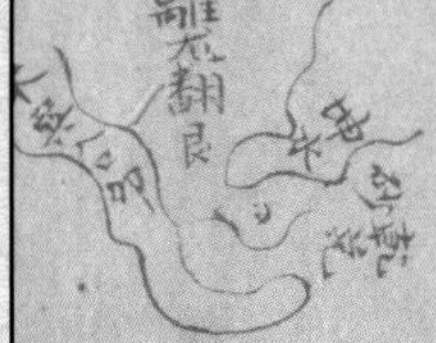

三陽水向盡源流。富貴永無休。三陽六秀二神當。立見入朝堂。

三陽丙中外三陽也。六秀一元中之六建也。二神。對待之兩卦也。三陽之水盡在一元卦中。照得宮神不相奪氣。是為清純之至。既得六秀並見。又見山水相當。則格局純全。大發無疑矣。

三陽指貪巨武。二神指陰陽兩局。三吉六秀亦在其內。龍穴砂水向俱合。主富貴甚速。

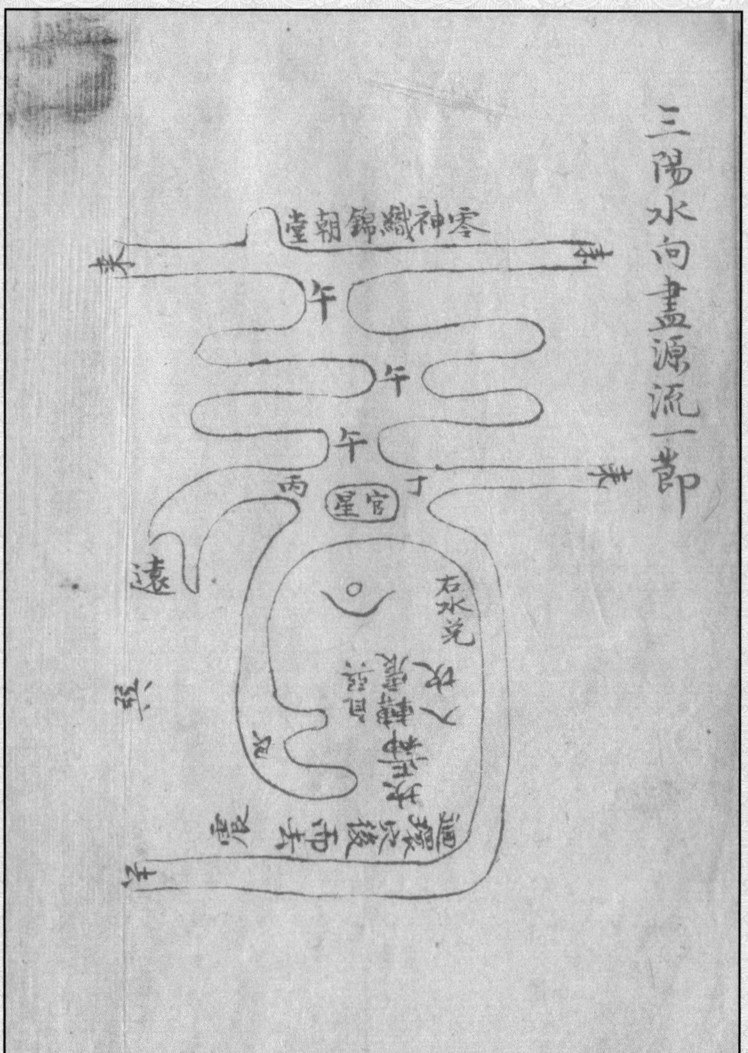

三陽水向盡源流一節
零神織錦朝堂
來
來
午
午
午
來
丙
丁
官星
遠

六秀水

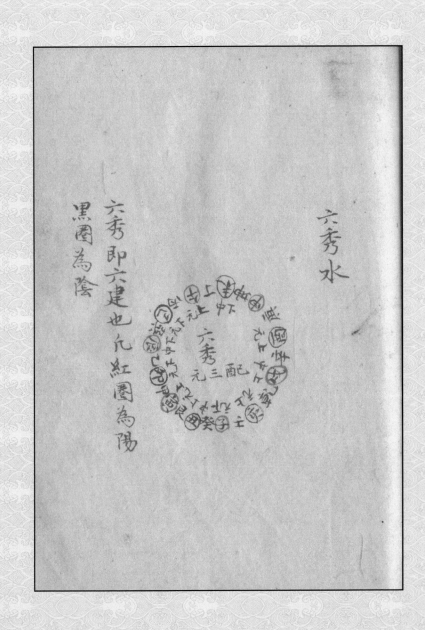

六秀即六建也凡紅圈為陽
黑圈為陰

水到玉街官便至神童狀元出印綬若然居水口玉街近台輔

鼕鼕鼓角隨流水艷艷紅旆貴

玉街穴前屈曲之水也印綬本元生旺之位也水口生旺穴前又得屈曲之玄其出宰輔無疑圓池連注為鼓角水口交牙為紅旆形象既吉又合本元生旺必發

玉街指丙丁二宮居端门之旁朝臣出入之所其方山秀水朝主出狀元神童官至台輔鼕鼕指水鼓角指砂艷艷峰巒秀美之極紅旆午方也以上皆指正南而言

水到玉街官便至一節

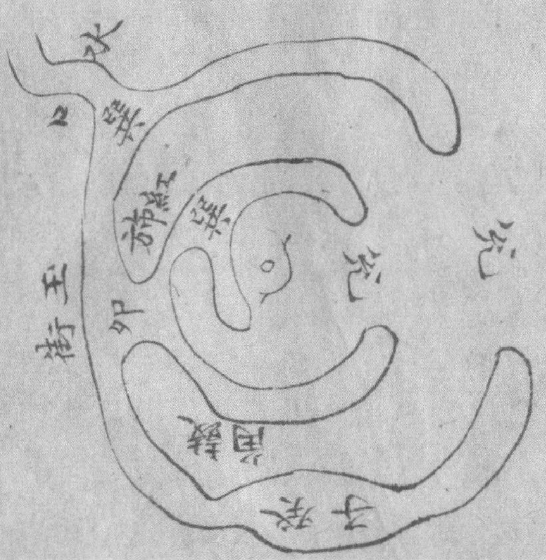

上按三才并六建。排定陰陽筭。下按玉輦捍门流。龍去要回頭。

上二句論方位。下二句論形勢。三才即天地人三元也。子午卯酉為天元。辰戌丑未為地元。寅申巳亥為人元。一元之中。自具三才也。六建。即十二支也。子寅辰午申戌為陽建。丑卯巳未酉亥為陰建。一元之中。凡得六建也。排定陰陽。不令夾雜也。環抱者為玉輦。拱夾者為捍门。此以水口之纏身繞抱言之。故云龍去要回頭。言不可斜飛直瀉也。蔡氏曰回回頭而水道即住。是為龍頭。回頭而水尚通流。是為腰腹。龍頭貴偏。則腰腹

貴完全若環抱之處另有支河小港則為漏道或小灣

轉而不如車輪大灣則真氣不聚俱不得為吉地也

上挨是看山有天地人之穴法從入首是何吉宿入穴乃定向配

合陰陽不能移易下挨是看去來之水是何三吉擇門指水

玉輦水之去來也龍去回頭非龍回頭實砂回頭也砂若去而

不回則其地必假亦不必問其水之流到何方也

上按三才并六建

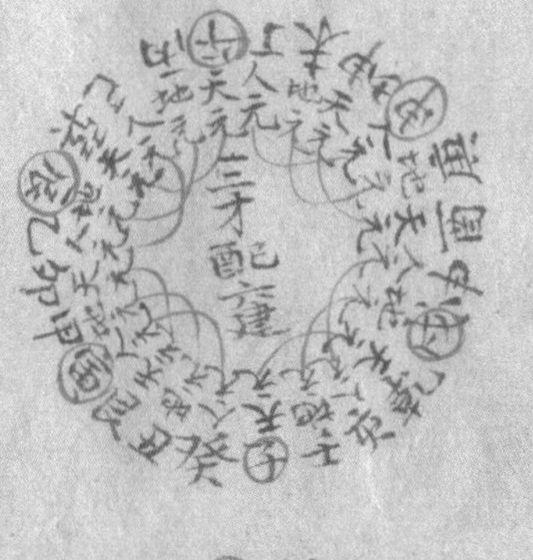

排定陰陽算

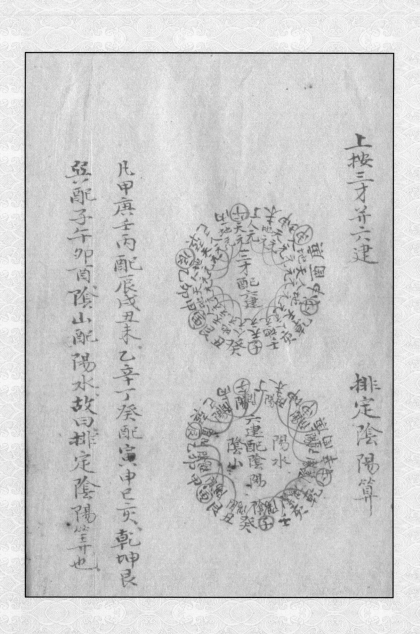

凡甲庚壬丙配辰戌丑未，乙辛丁癸配寅申巳亥，乾坤艮巽配子午卯酉，陰山配陽水，故曰排定陰陽算也。

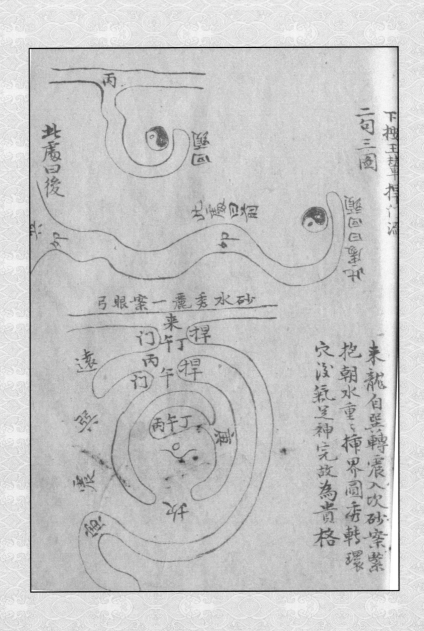

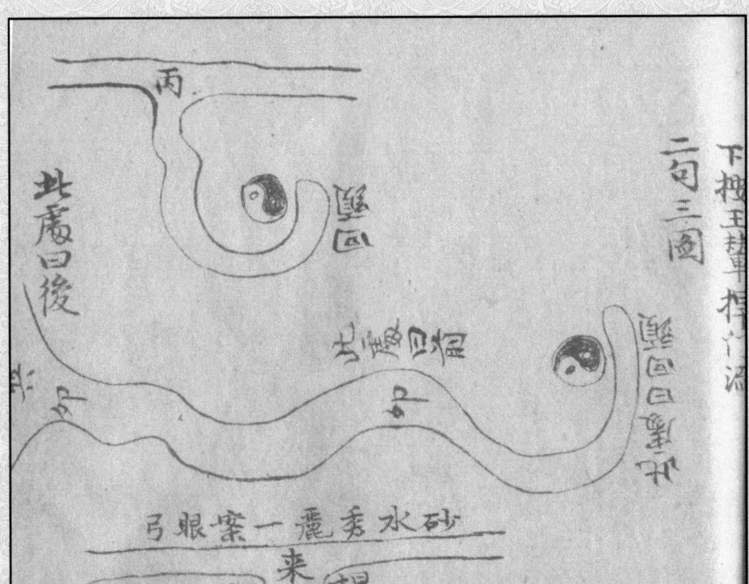
下搜玉輦捍门流
二句三圖
丙
此處回頭
此處回後
此處回頭
砂水秀麗一案眼弓
来
捍
门
午
丁
遠
丙
午
捍
门
丙午丁
来龍自巽轉震入坎砂案紫
抱朝水重重捍界圖秀斡環
穴沒氣足神完故為貴格

六建分明號六龍。名姓達天聰。正山正向流支上。寡夭遭刑杖。

分明不夾雜也。六龍齊到。格局最全。故貴四正以干為輔。四維以支為輔。若四正山向流神。雜到四維支上去。是為出卦。寡夭刑杖。定斷不免。蔡氏曰。或水道不純。而穴情甚得。星體甚佳。須從穴上那移。水口大者。遠以收之。水口小者。近以收之。則不患其流到支上去矣。

六龍。艮丙巽辛兌丁。合得本龍之吉砂吉水。主名姓上達。若龍穴砂俱合。而水不合。必須內水合向。如水危歸于辰未

而歸于坤巽○應歸于坤巽○而歸辰未或應歸辛巽○而歸丑
戌者○俱主寡夭遭刑○

正山正向流支上

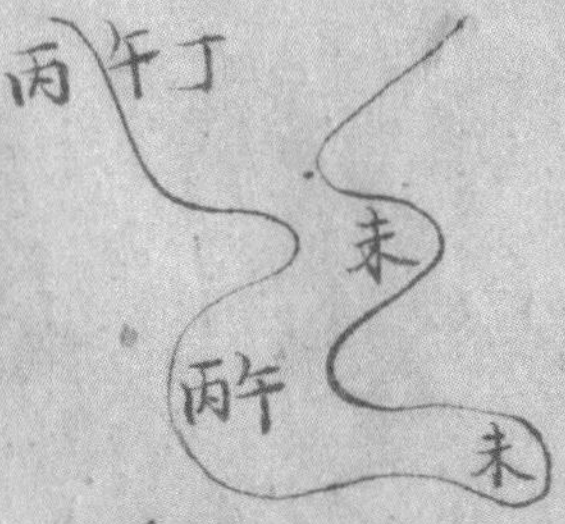

艮龍翻兌氣入首先後天相生矣四水歸堂六建齊
朝真盤龍格中之美局也巽水入懷去後仍闊蕩
而作照神積而不去更為完善圖後

六建分明號六龍

零神之六建並到
故正神之六建脊
応所謂陰陽相
見者此也

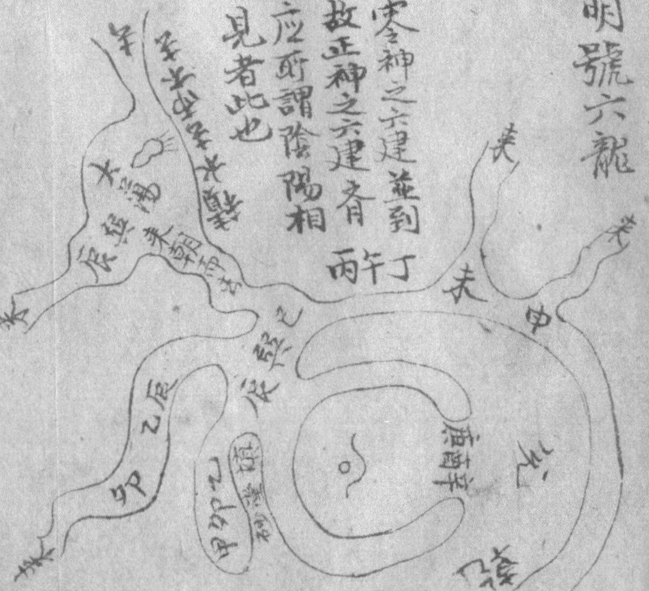

向若回山是父母水流同向首水若上山父母同定見出三公

立向須朝本龍之三吉六秀而水亦然如此主出三公如甲龍來立癸向坐乃龍之父母又得庚未二水朝來從卯而出或卯朝來從庚未而出俱合本龍吉水又為坐向武曲餘皆倣此

共路兩神為夫婦認取真神路仙人秘密定陰陽便是正龍岡

共路兩神同元之正神零神也乃為真夫婦須認得真切然定陰山陽水能合得真夫婦方為正龍也

此節全為打刼零神張本。二十四路皆可為夫婦。然有真假焉。如壬子丙午甲卯庚酉雙山為假夫婦。與戌乾辰巽未坤丑艮相同。最忌流神冲破空位。子癸午丁卯乙酉辛双山為真夫婦。與乾亥巽巳坤申艮寅相同。三星五吉並可作向也。外此亥壬巳丙申庚寅甲為陽差。癸丑乙辰丁未辛戌為陰錯。所謂隔向一神。亦是双山之局。須向双雙零。乃得陽差。要清四隅之氣。陰錯。要清四正之氣。乃得五行有主。一遇正神水到。其房分應着。多見敗絕。甲庚壬丙為單陽。辰戌丑未為單陰。寅申巳亥為双陽。乙辛丁癸為雙陰。子為陰祖。午為陽祖。卯酉為双主。為四正旺神。乾巽為双主。艮坤為单主。為四大尊神。此皆单向单零之局。正龍閫到頭一節也。從此定向局即為玄空五行。何今通玄。以龍定向。須看八路陰陽。以水定向。須看帰路陰陽。玉尺不知排龍以合向水。拘定沐口墓口之説。所以與天玉不合。坤壬乙。艮丙辛。斗牛納庚丁之氣。金羊收癸甲之靈。所云一卦止得一卦之用也。乾甲丁。巽庚癸。卯亥未。午寅戌丑酉巳辰子申。所云一卦可得二卦之用也。乙丙交而趨戌辛

壬會而聚辰所云一卦畫得三卦之用也時師不解用
法拘執宗廟五行謬矣
又云龍從此起水從此分龍起水分水交龍住龍不離乎水水
不離乎龍龍水相配為夫婦但無媒而不能自配必須山向而
為主是得真神路矣龍水陰陽摠不離先後天之正理若
識得陰陽根本自然配合無差是得正龍崗矣

在正神位上，而水之來源亦須節節排去，照位裝成，果能步步零神，則山之來脈與坐向同一氣，水之來情與入口同一氣，零正相逢，別無間雜，吉地無疑。

看地不外乎陰陽二字，而有零正之分，陽為正，陰為零。十二陽位屬先天四正所管，十二陰位為先天四隅所管。四正水宜立四正向，四隅水宜立四隅向，如此自然積粟萬餘倉矣。

正神百步始成龍，水短便遭凶。零神不問長和短，吉凶不同斷。

頭頂水趁則正神裝在向上為生入固云吉矣然穴中乘氣須深遠悠長而後氣聚成龍若為水所交破而短則氣便傷而凶煞立應矣至零神裝在水上為尅入只要清純不問長短遠近吉則俱吉凶則俱凶不必正神同斷也

承上陰陽二字而言水長發福悠遠水短一發便衰若零神犯正正神犯零不必論其大小長短皆主不利故吉凶有輕重之不同

共路兩神為夫婦一節

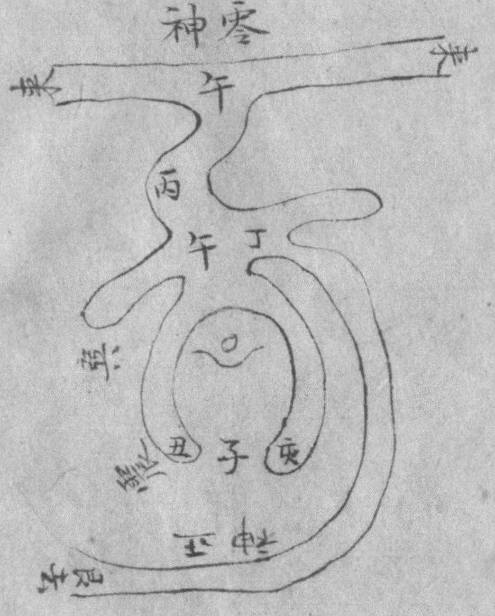

陰陽二字看零正坐向須知病若遇正神正位裝撥水入零堂
零堂正向須知好認取來山腦水上排龍照位裝積粟萬餘倉
陰山陽水但看零正而分若坐向一差星位度易須知有穴
吉變凶之病當令坐旺者為正神以之坐穴立向是為收山
出令衰敗者為零神以之納水消水是為出煞斯坐向
方能無病若遇正神正位來裝須要撥水入零堂也如坎離
向零堂須撥巽乾震兌向零堂須撥坤艮零為堂正為
向既無得之矣又恐來山之腦未必盡合再須認取定要

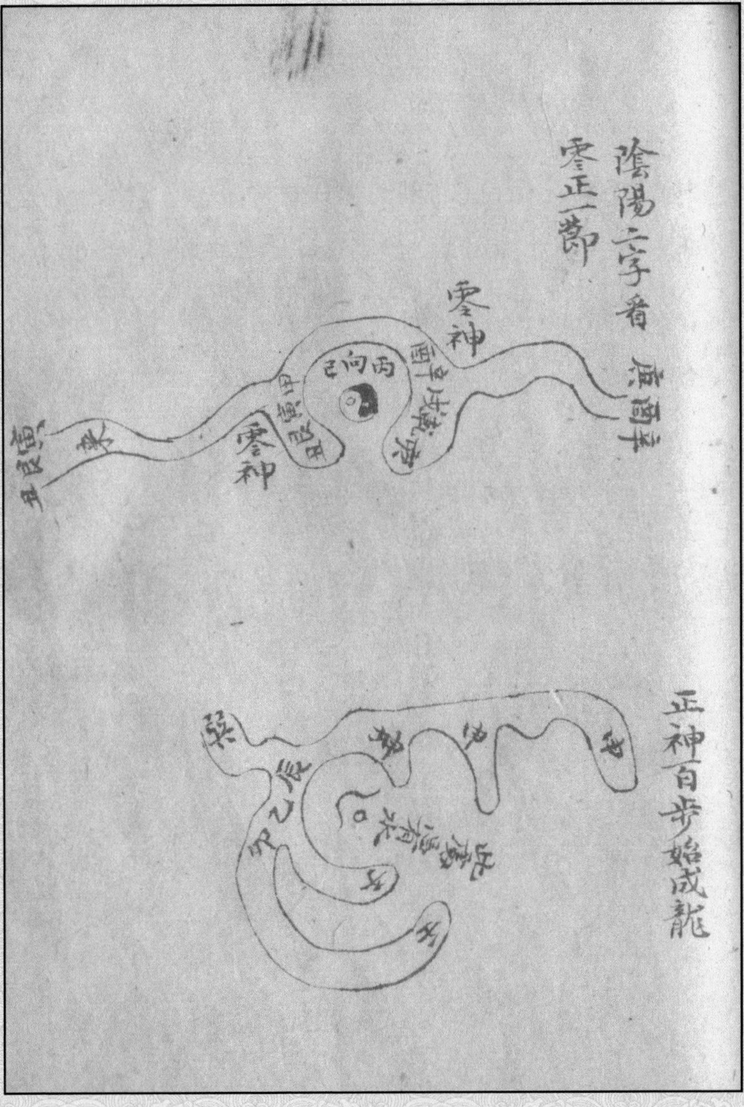
陰陽二字看
零正一節
零神
零神
正神百步始成龍

父母排來到子息。須去認生尅。水上排龍點位分。兄弟更子孫。中爻為父母。旁爻為子孫。同元他卦之父母為兄弟。山脉上從一路。故山上排龍。從父母排到子息。須子息兼定父母氣。始純。清爻須以玄空論其卦之生尅。並同元則有生無尅。出元則有尅而無生。若水上排龍。則不然。有一道單纏者。有兩三路並到者。須照位分排。只要旁來之水。盡在本元各卦位上。與父母一氣。是為兄弟子孫。一家骨肉。來路雖多。不害其為吉也。

馬氏云尅氣。亦在貼身上一節上論。乃指卦之第三爻。所謂衰敗之位逆行也。故曰尊神。亦論生尅七星。所以有打刼局也。四正之八干。亦有時為父母。為中神。四隅之尊神。亦有時為子息。為過支。一卦三宮。一宮三字。認得不真。生尅何着。覌此則山水龍神去取不無寬嚴之别。

解上二句。須認入首来龍之生尅。屬何五行。如氣是金。坐穴水。是生我者也。坐穴木。是尅我者也。坐穴土。是我生者也。坐穴火。是尅我者也。廖公云。一節相生一代貴。二節相生二代荣。遇尅則絶。見洩則貧。玉尺經云。壬癸來自兑亥。作体金之象。是也。下二句。皆言水之吉凶。必須照位分斷。

父母排来到子息

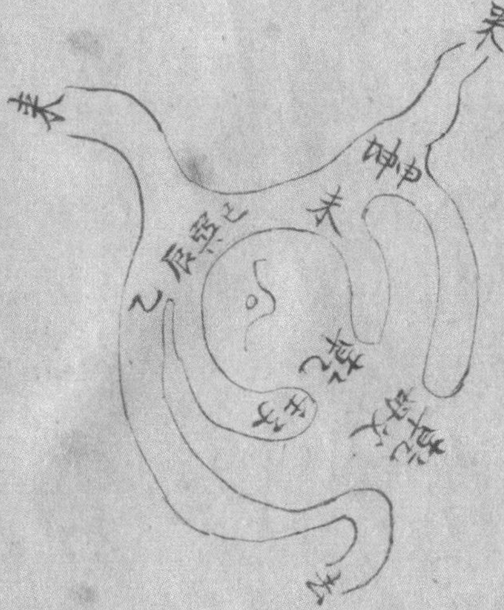

二十四山分兩路。認取五行主。龍中交戰水中裝。便是正龍傷

前面若無凶交破。莫斷為凶禍。凶星看何宮頭。仔細認蹤由在

兩路陰陽生死也。二十四山各有兩路。當今與不當今而已。兩路

之分。須認五行所主。天卦主生數。地卦主成數。山脈水脈俱要

清純。若龍中所受之氣。駁雜交戰。須是水中裝清。若將

交戰之卦。裝入水中。則雖係正龍。亦為煞氣所傷矣。蓋有

一卦之水。即有一卦之氣。來應水既出卦。則正氣為煞氣橫斜界

所謂凶交破也。若水曲所急不出卦。是謂無凶交破。龍雖交

戰不以凶禍斷如有文破則以宮位分之凶禍各有所歸而得受吉氣者原無咎非如純凶之水房房受禍也

二十四山分定陰陽先認入首龍局是何山向屬何五行貪貪地母卦從向起輔三父母即生氣卦從向起貪若識得十二陰陽之配合美值千金價矣然山山有金寶識者無煩惱山山有火坑墓沒人丁絕山山有困神困便看時穴也真山山皆有煞不出煞時決不發龍穴砂水不出天地父母三卦中矣

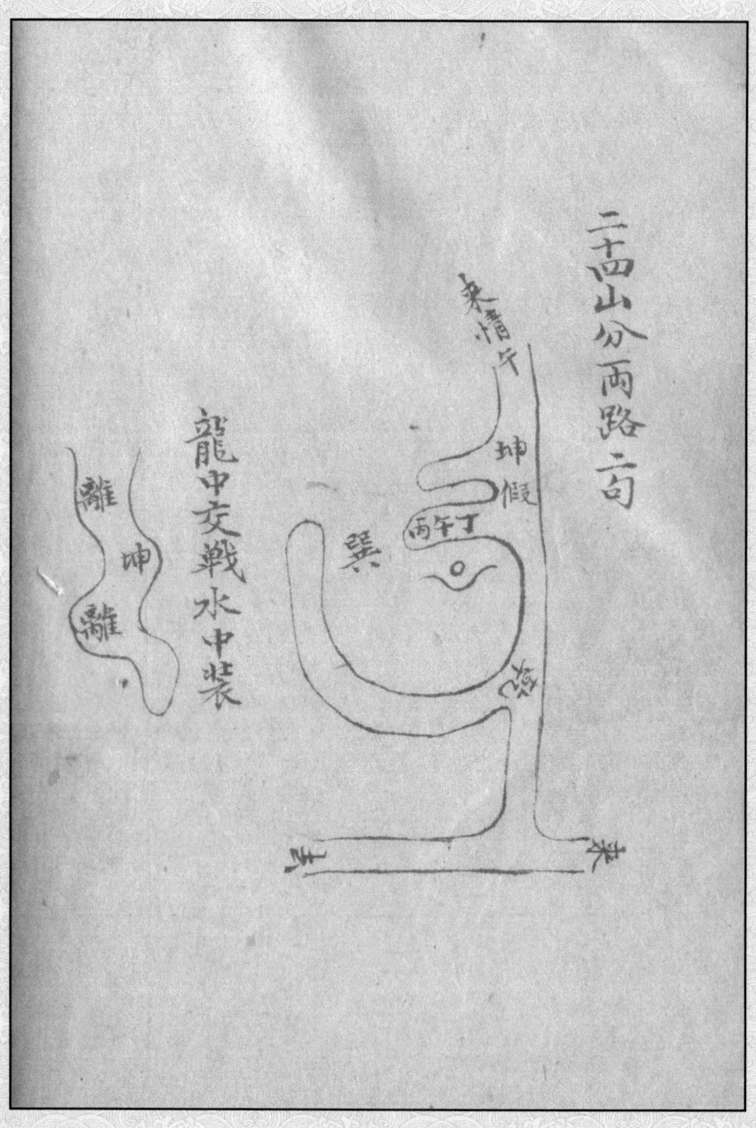
二十四山分兩路二句
來情午
坤
假
丙午丁
巽
坎
龍中交戰水中裝
離
坤
離
來
去

天地父母　生氣卦與輔星卦同

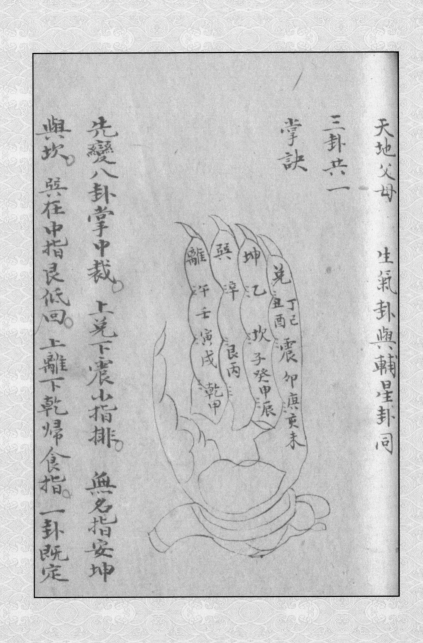

三卦共一

掌訣

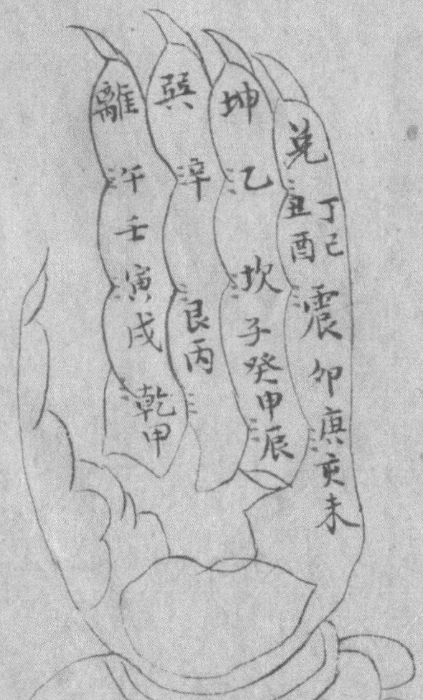

先變八卦掌中裁。上兑下震小指排。無名指安坤與坎。巽在中指艮低回。上離下乾歸食指。一卦既定

餘畨来　一畨上起下落分　二畨下把上落提　三畨中起仍中落　四畨邊起邊落離　貪巨禄文起從向　次將輔武破軍移　貪狼乃是生氣水　武曲即是旺財神　如值巨门多富足　輔弼孝友振家聲　若犯文曲多淫慾　吐血廉貞病害身　破禄啞聾損手足　四星凶惡不堪論

如艮丙向艮丙即是貪狼巽辛巨门乾甲禄存午壬寅戌文曲卯庚亥未輔弼酉丁巳丑武曲子癸申辰破軍坤乙廉貞此生氣卦之星與輔星起震宫同餘卦倣此

先定來山後定向聯珠不相放須知細覓五行蹤富貴結金龍

來山所受之脉氣與向上所受之堂氣雖分兩局而非截然兩路故云聯珠言玄空一氣也不相放言際相承接也又須細察五行蹤跡生成交會是為金龍發福無疑

先定入首龍脉屬何陰陽五行然後配合立向以辨收山出煞之用如甲乙木丙丁火庚辛金壬癸水坎離土乃先天之聯珠也又如乾坎水坤兑火巽離金震艮木丙乙土係天天之聯珠也此皆五行之宗也日識者山川富貴可知矣

先定來山後定向一節

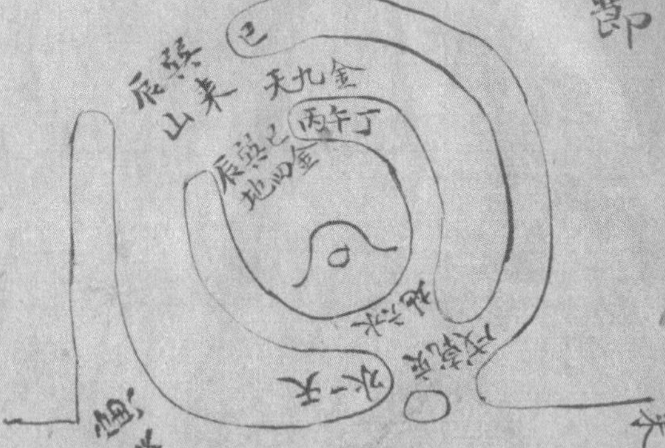

五行若然翻值向百年子孫旺陰陽配合亦同論富貴此中尋

五行貴乎純全以山上來脉之五行翻轉于向上審其堂氣得界割清純是為山向一氣陰陽配合左交右会亦同此論如一六共宗一當令則不取六而取四六當令則不取一而取九二七同道二當令則不取七而取三七當令則不取二而取八三八同朋三當令則不取八而取二八當令則不取三而取七四九為友四當令則不取九而取一九當令則不取四而取六一在坐一在向翻值之義明而陰陽順逆了然矣

来脉有来脉之受氣。正神裝在山上為生入。或金星挨在向上。皆是五行翻值向明堂。有明堂之受氣。零神裝在水上。或金星挨在水上。皆是陰陽配合。山管人丁。故曰子孫旺。水管財祿。故曰富貴尋。

此言專以向為主宰。而配合沒龍之生旺。以得本龍三吉六秀向。故曰五行翻值向。更得三吉六秀山。主百子千孫。

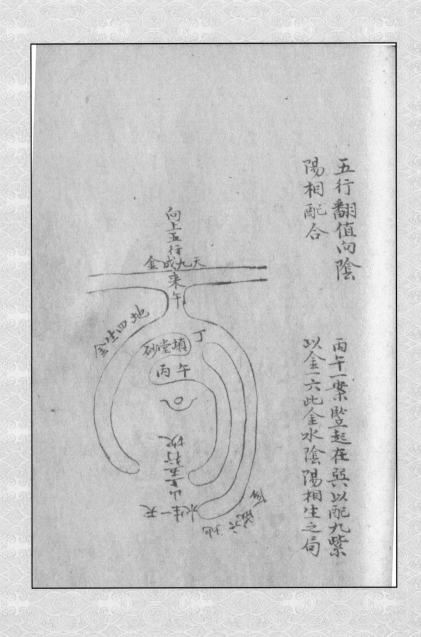

五行翻值向陰陽相配合

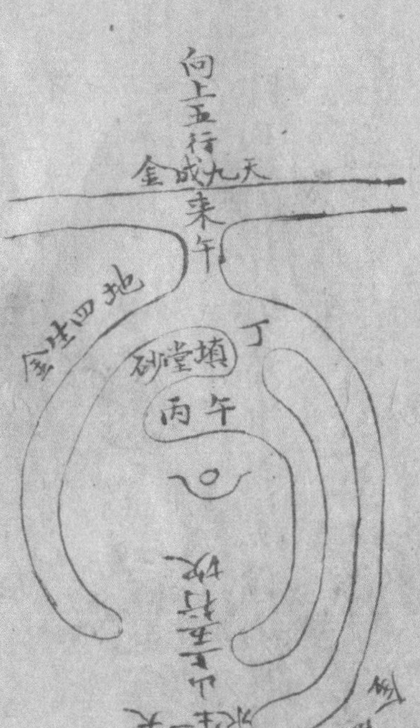

丙午一案豎起在巽以配九紫以金一六此金水陰陽相生之局

東西父母三般卦。算值千金價。二十四路出高官緋紫入長安。父母不是未為好。無官只宜豪富。

東西。江東江西也。父母。乾坤子午也。三般。三樣也。玄空大卦有一卦限定一卦而為单卦者。有一卦兼通兩卦而為双卦者。有一卦揔統三卦。而為主運之卦者。東西各有三般卦。而用卦之理。則重父母。而輕子孫。重卦體。而輕旁支。卦體統備。必然貴顯。若但收旁支。而遺中支父母。或同元並到。而失主運父母。則得氣不免淺薄。只主富豪

富而已

未而父母。指天地父母三卦之五行。一天父卦。從龍對宮起破祿之水。乃是零神破向。乃是長子所管。不獨偏向一神仲子而已。

東西父母三般卦一節

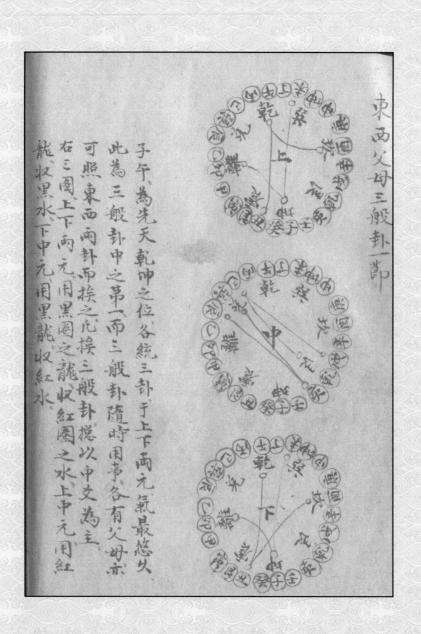

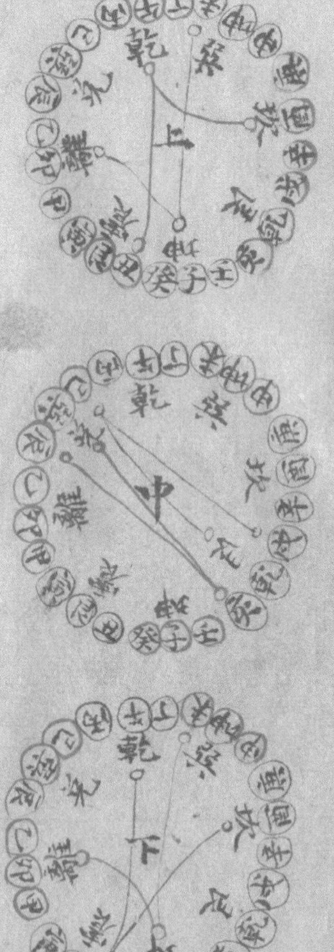

子午、為先天乾坤之位，各統三卦，于上下兩元氣最悠久，此為三般卦中之第一，而三般卦隨時用事，各有父母，亦可照東西兩卦而挨之，凡挨三般卦，總以中爻為主。

右三圖上下兩元用黑圈之龍收紅圈之水，上中元用紅龍，收黑水，下中元用黑龍收紅水。

父母排来看左右。向首分休咎。雙山双向水零神富貴永無貧。若遇正神須敗絶。五行當分別隔向一神仲子當千萬細推詳。

龍脉从父母排来。看其偏左偏右。凡有未曾純全處。須于向上挪移以全之。故休咎之分。其要在向首也。双山双向。即双脉之卦也。其水盡屬零神。則富貴。其水若遇正神。則敗絶。又須以五行陰陽。分別零神之倒左倒右。則知當从何卦立向。非双卦皆可立向也。隔向。〻之前後。仲子之公位也。

同卦貴得父母中神。然來山龍脉屈曲排來必不能盡屬父母。兼看左右兩支子息若何。若子息清純。又須看向首所受之氣。逢生旺則休。逢衰敗則咎。如壬帶子雖屬異氣。猶是一家。帶亥則隔宮而為陽差。子帶癸。詢屬一氣。同室骨肉。帶丑則隔宮而為陰錯。五行無主。向落空亡矣。故双山之龍。必須双向。若双山双向。卦氣錯雜。須得水之外氣。悉屬零神。配入相助。則双山双向為水神所制伏而富貴可期萬一水路又偏正神則生出尅出兩路皆空而敗絕不免陽向一神為差為錯俱在四正之內故其然多應仲子若四陽龍之差錯四孟應長四季應幼可數推矣

用生氣卦看左右之水以定吉凶如庚酉雙向收丁未貪巨之水卯零坤是也若遇坤申乃係正神破局皆屬仲子所管又如寅甲雙向收乙辰輔武之吉水亦主富貴若遇巽巳為主然後再觀黃泉八煞破軍廉文諸水若有一

犯。便是正龍受傷。大凡前後左右。未嘗無煞位。但要煞方無水。無路。無惡砂高照。無砂脚冲射。如有一犯。皆主不祥。所謂龍中交戰水中傷。是也。

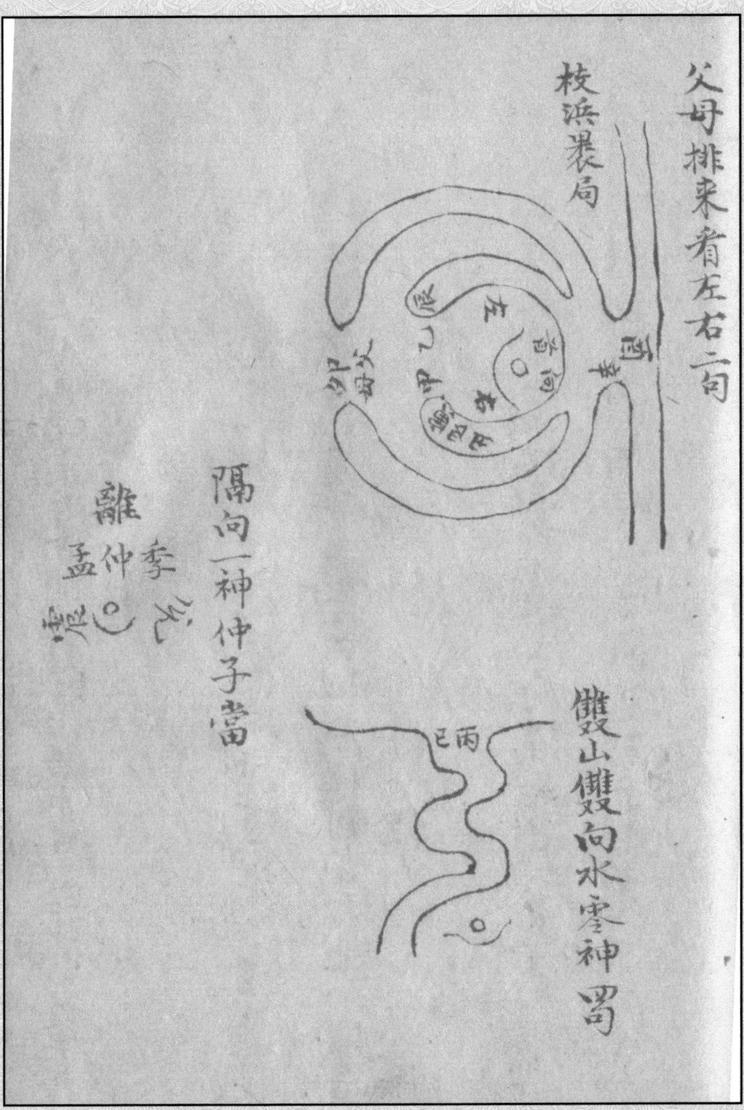
父母排來看左右二句
枝浜褁局
雙山雙向水零神
巳 丙
隔向一神仲子當
季 兌
離 仲
孟 震

若行當位分順逆。接得方奇特。宮位若來見逆龍。男女失其蹤。

宮位之法。看水神順逆。應左而左。應右而右。合者為順不合者為逆。水順而接得生旺之氣。則吉。水逆而接得衰敗之氣。則凶。

宮位承前二十四位而言。砂水合局。謂之奇特。不合局。謂之逆龍。主男有失蹤之應。順逆二字見後

更看父母下三吉。三般卦第一。

此言龍與穴合為一吉與砂合為二吉與水合為三吉皆不出天地天父母之卦龍穴砂水俱合為第一

此言總結上文以父母主爻為重三吉玄空生旺之位也蓋三般看個第一吉神兩位初爻為內神生成之穴法也兩位三爻為外神先後天卦氣之穴法也四神相輔其吉自在二內二外次之則第三個吉神即天心十道之穴法也

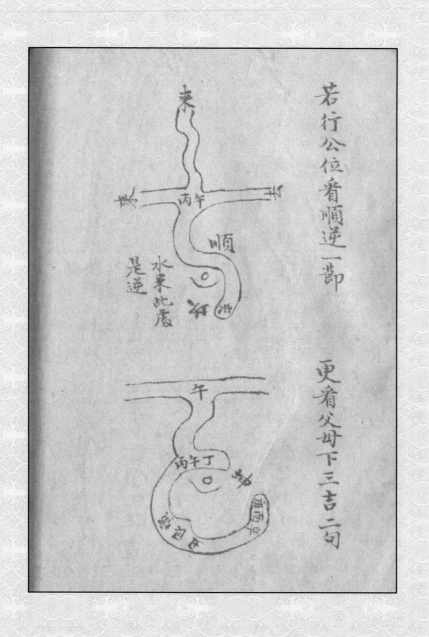

若行公位看順逆一節

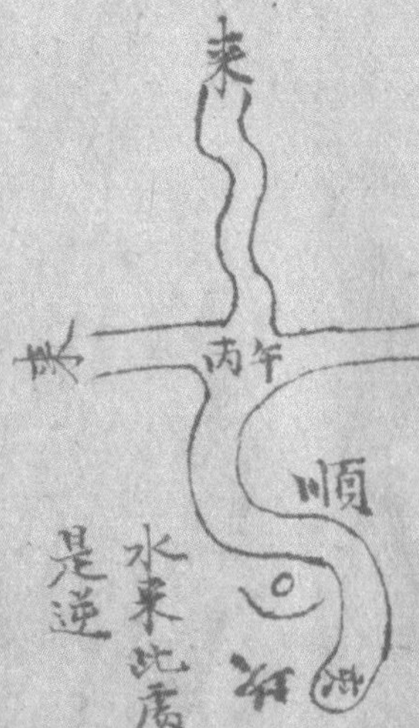

更看父母下三吉二句

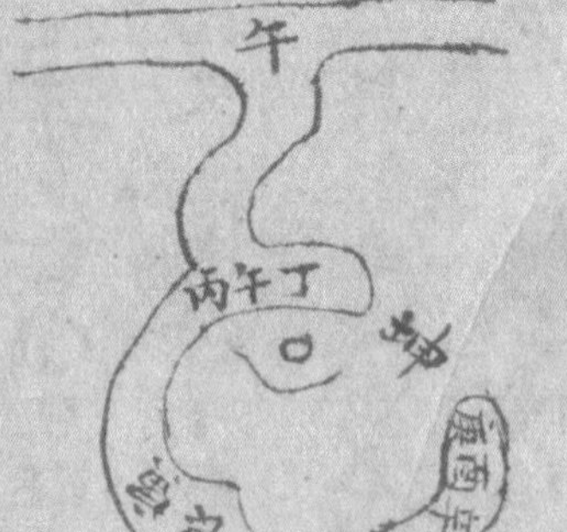

二十四山起八宮。貪巨武輔雄。四邊盡是逃亡穴。下後令人絕。惟有挨星為最貴。泄漏天机秘。天机若然安在內。家活當富貴。天机若然安在外。家活漸退敗。五星配出九星名。天下任橫行。干維乾艮巽坤壬。陽順星辰輪。支神坎震離兌癸。陰卦逆行取。分定陰陽歸兩路。順逆推排去。知生知死亦知貧。留取教兒孫。

唐一行偽造滅蠻經。先設乾離艮巽。坎坤震兌八位二字相連。排作四行。謂之紫微卦。又名倒卦。廉貞。乃從翻卦之例。于本位對宮盡起。貪狼。中起中止。边起邊止。輔弼同宮。八山均以納甲論。而總取貪巨武輔所到為吉。然以卜筮合得四星在四邊者。每令人敗絕。盖不知倒排父母。四边盡是空亡也。則知卦例不足信。而别有真机矣。

挨星元運之次第。天机之秘要也。安在内。安排在天机卦内也。安在外。安排出天机卦外也。一内一外。禍福攸關。乃九星之定位。即五星之次序。一生一成。各有配合。能准于此。以為作用

者鮮矣

挨星五行即九星五行也排出三般卦來然後將貪巨廉武破輔弼一一挨去與時相合者吉與時相背者凶以九甲大運而論乾統震坎艮四陽先長坤包巽離兑四陰先少中黃元居少位先天河圖為五行之體後天洛書為九星之用分兩路以倒排而夫婦真山可收合三吉以消水而零正明煞可出三般卦不得九星無以神其用九星不得三般卦無以立其體知以河圖五行配出洛書九星隨地玩形取裁立

局將正運全星。挨在向水煞上。即天机安在内也。天下可横行矣。故上元貴得一二三四之龍。收九八七六之水。消戌丑二宮為吉。下元貴得六七八九之龍。收四三二一之水。消辰未二宮為吉。

干維。干之維位也。壬陽水也。癸陰水也。乾艮巽坤得洛書二四六八居四隅陰位之卦也。而水神反從陽論。坎震離兑。得洛書一三七九居四正陽位之卦也。而水神反從陰論。蓋四維取順。為四正向言之也。四正取逆。為維、四向言之也。

四維順流而入四正向上四正逆流而入四維向上即所謂陽從左轉陰從右通陰陽會局是也水神生成相會寔陰陽之至理也

八宮子癸申辰坤乙卯庚亥未巽辛乾甲酉丁巳丑艮丙午壬寅戌是也貪巨輔武吉破祿存廉文凶吉星生人發財凶星主逃亡敗絕挨星者妙法之秘訣五星者穴星之正體九星者水法之要旨陰陽順逆非甲庚丙壬丁癸乙辛之謂也乃先後天之陰陽故干維由日月星辰而

順取認陽順星辰輪是也支辰由時令而逆行謂陰卦逆取是也若挨之以陰金陽金陰木陽木陰水火陽水火順逆起長生同歸庫位之說人人皆知今天下人人皆楊曾矣不知傳內有知生知死知貧之訣砂水二法俱包括其間在道之士細心審閱知其意者妙處難言消砂納水盡如是矣

父卦陽宅用其法以到頭一節入首龍身為主如新安府基卯龍入首對線是離即離上起貪狼乾上巨门祿文廉武破輔挨宮直下

二十四龍 二十四山起八宮一節 九星自上數下者復自上數

倣此推之

母卦陰基用其法以向為主如子山午向午上即起輔弼以下武破廉貪巨祿文

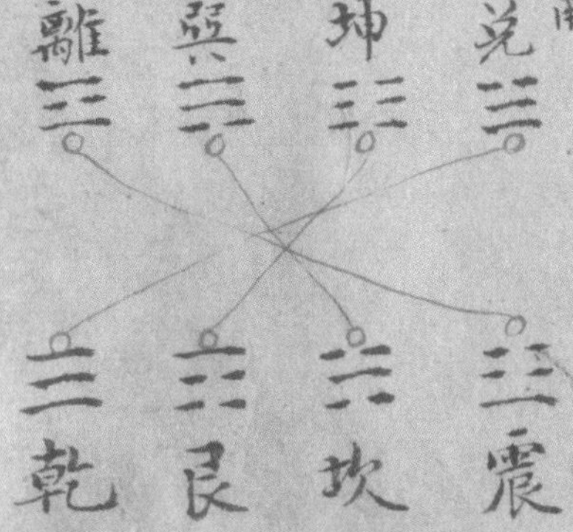

右圖即天定卦

其法從各卦本位起貪狼中起中止邊起邊輔弼同宮如乾宮是本位對宮是兌從兌起貪巨即在震逐一數去破在離是边起边止法坤卦对宮是艮從艮上起貪巨即在巽逐一數去破在坎是中起中止法輔弼總在本宮八山均以納甲論餘可例推

下自下數上者復自下數上

惟有挨星為最貴一節

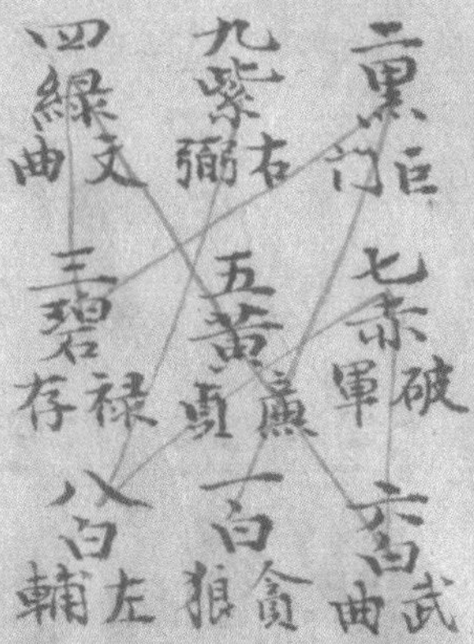

干維乾艮巽坤壬二句

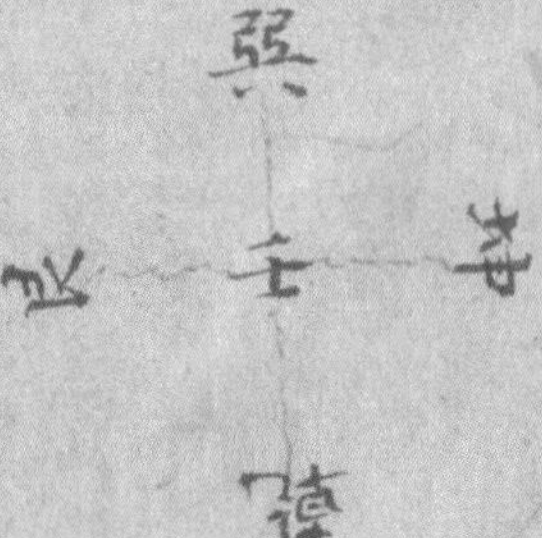

支神坎震離兌癸二句

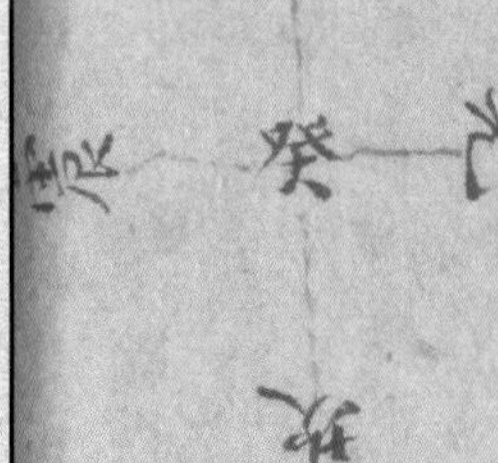

天地父母三般卦只將玄空話不識宗枝但亂傳開口

莫胡言若還不信此經文但覆古人墳

天地先天乾坤之位父母後天子午之位是三般卦中之主卦也其訣只從玄空去討便分明矣宗枝猶之宗派玄空乃此經之宗派也其功驗于復舊塚

言天地父母卦之陰陽時師未知之也玄空非丙丁乙酉屬火之謂乃天上之五行也若非我師點破何以知其吉凶生死天机秘旨不敢輕洩皆在傳内勿傳匪人

天地父母三般卦一節

坎宮一白貪狼生炁木　主人財富貴

震宮三碧祿存禍害土　主出人忤逆傷人

中宮五黃廉貞五鬼火　主火燒少亡

兌宮七赤破軍絕命金　做賊作禍充軍

離宮九紫右弼伏尸金　主好

坤宮二黑巨门天醫土　照上

巽宮四綠文曲六殺水　主淫慾

乾宮六白武曲延年金　照坎

艮宮八白左輔伏尸金　主好

推輔弼有随山所属之説

分卦東西兩個卦會者傳天下學取仙人經一宗切莫亂談空五行山下問來由八首便知蹤

只把東西兩個卦位分清此外更無別訣學者當求正宗切勿妄談玄空也來龍以入首為重初年卻應審此便知吉凶矣

東西指陰陽神仙指聖人今人不知實理謂之談空向東西要識何路先天之正理諸家五行從此变出皆有偏見故堪輿各執一理而有陰陽順逆之說更不知先天五行

是逆尅。後天五行是順生。不知此理。豈能傳天下乎。

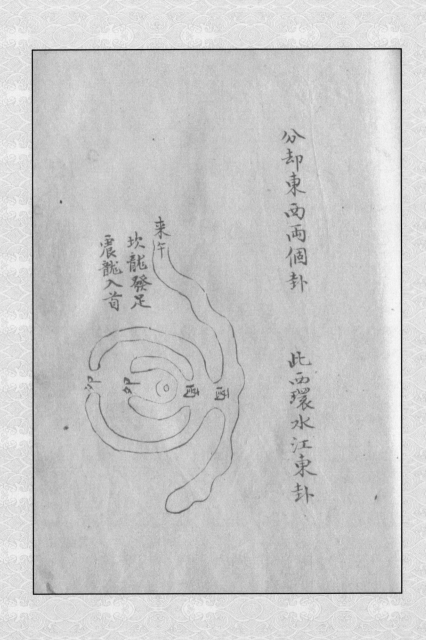

分卻東西兩個卦

此西環水江東卦

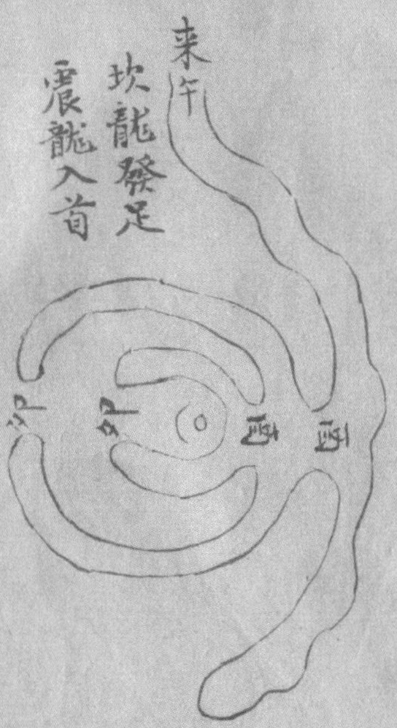

此東環水江西卦

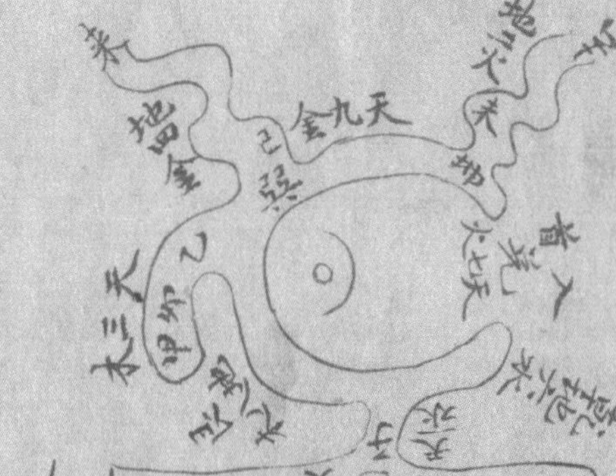

分定子孫十二位災福相連值千災萬禍少人知尅者

論宗枝

子孫自卦中分出位亦不同豈如納甲之例以支神十二位為卦支子孫致禍來而終不知哉夫災禍之發乃龍氣受尅所致而龍氣之受尅寔不在干支蓋有為干支之宗者焉所謂父母是也知其宗之受尅則知干支亦隨之而受尅所以災禍不免耳若五行以玄空大卦論生尅是為正宗

双山以壬子乙辰坤申為水而起長生子癸辰巽申庚為配以定中針干從支支從干决列裂二十四路分作一十二位將一卦三爻河圖精義湮沒無聞有不災禍相連值争夫龍氣者玄空之祖脉為干支之宗龍宗受尅支自不免此中之災禍世人少有知也故先師製羅經于正針之後子上設立縫針壬子乃以清子之位見子中能兼壬也再添中針子癸亦以清子之位見子中能兼癸也二針皆輔正針之未盡猶恐後人誤用而犯空亡

再設七十二龍以清其宮分更設百二十分金以甪丙丁庚癸辛之三度以清其界限乃無一毫差錯可知子字能攝壬癸在內所以重卦體而輕旁支也十二陰陽各有吉凶之不同如甲吉卯不吉乙凶卯不凶五行只喜其生旺不喜其尅洩不知生尅豈能預定吉凶生死

分定子孫十二位是雙山五行

以地支十二位為卦爻子孫以取三合

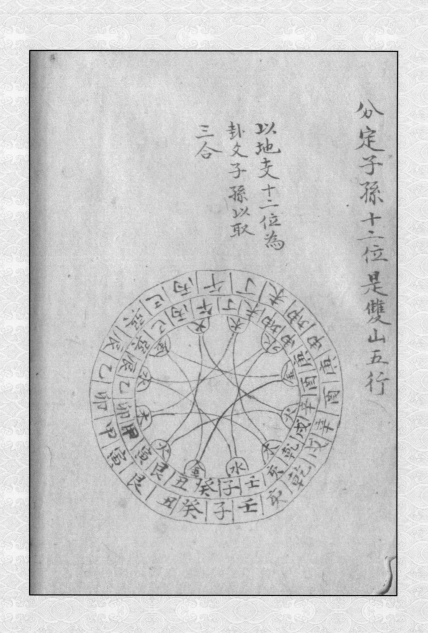

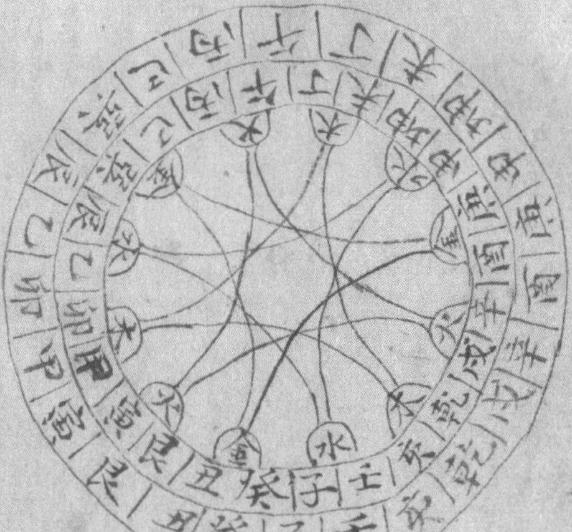

五行位中出一位仔細秘中記假若来龍骨不真從此誤千人

五行生成以兩兩比然每元只取一卦而不兩用故云出一位若不蓄知其秘而並用之龍骨不真矣

馬少穎云分卻東西兩個卦是分出父母以統其子息也五行位中出一位是分出子息以尊其父母也蓋父母之位明則排龍自不出東西兩卦而龍骨真若子息卦来經指出與父母卦混同莫辨

恐其誤用排龍。將山上龍神。錯入水中去矣。
金木非火土。五位中分出一位為主。或金或木。方能辨其
生尅。或金誤為木。木誤為水。是骨不真矣。不知傳
內秘訣。豈但誤千人而已哉。

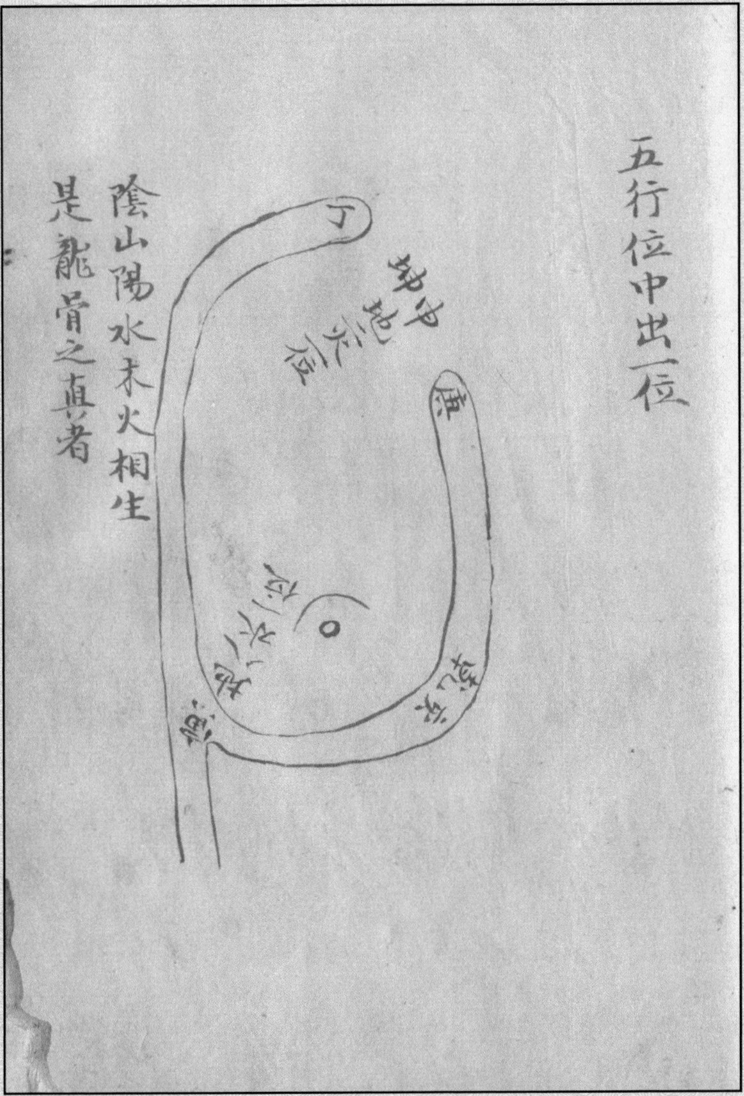
五行位中出一位
丁
庚
陰山陽水木火相生
是龍骨之真者

假若来龍骨不真

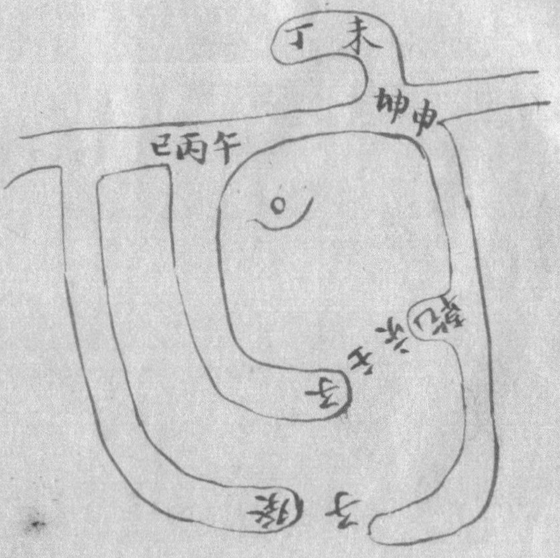

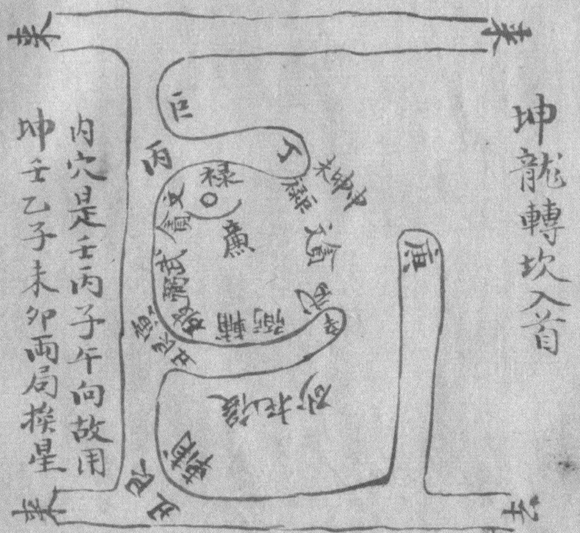
坤龍轉坎入首
內穴是壬丙子午向故用
坤壬乙子未卯兩局挨星
巨
丙
丁
祿
庚

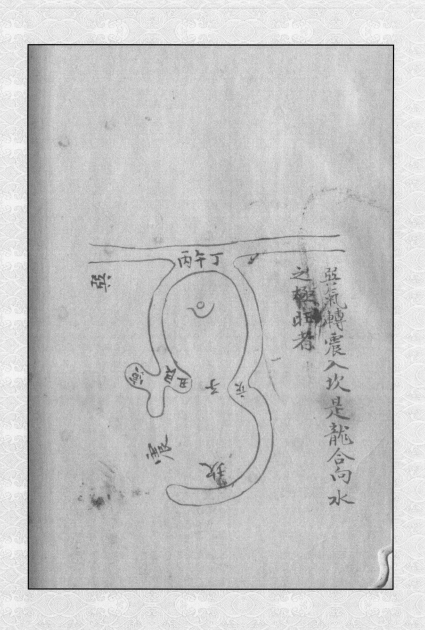

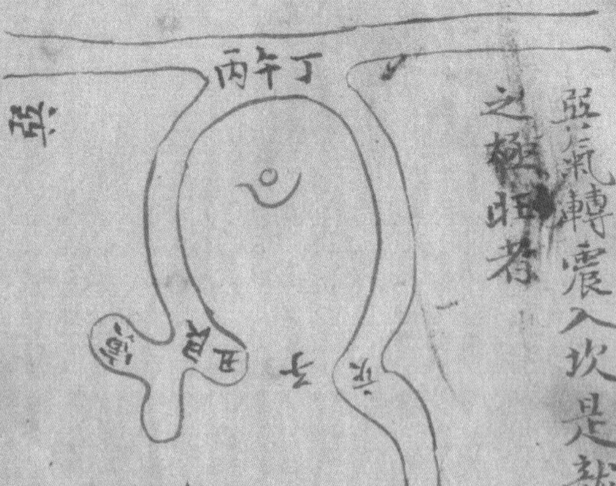

巽氣轉震入坎是龍合向水之極旺者

一個排来千百個莫把星辰錯龍要合向三合水三合三吉位合禄合馬合官星本卦生旺尋合凶合吉合祥瑞何法能趋避但看太歲是何神立地見分明成敗定断何公位三合年中是

只是一個五行其用千変萬化而其要訣只在認定本元星辰而已龍向水三者俱要合元〻禄馬官星照本元生旺之位則動吉金神三煞臨出元煞氣之位則致凶吉凶應驗揔以太歲為主而取三合

年月斷之公位亦然
提起各卦有形之一個排出無形之星辰能因變化
原始終自然個個不爽。龍向水須要品配合式三吉
即三元之令星挨在向水煞上者此節全主斷驗而
言。萬是四維東西卦。祿是四維南北卦以三合論
火局甲木局巳金偏亥水局寅皆可分零正也。
甲庚壬丙祿在寅申巳亥。乙辛丁癸祿在子午卯
酉。并與河圖生成之義相參。官星以六建定位

而論但孟仲八支順經四位而起四季四支逆經四位而推丁丙與乙甲艮辛庚坤與壬乾貴人三合聯珠局格辛入乾癸歸艮乙流巽丁去坤祿馬上御街之局皆三般卦挨星外之另點綴法乃神乎其技而用之非空而不通之拘于一卦也

此非各一局而言千百局摠是這個竅妙知者收其祿馬貴人與生旺奴之吉砂併會巨輔武之吉水如午上山水吉則斷其寅午戌年亦吉凶吉類推審其的確是能盡知

成敗矣。
排星仔細看五行。看自何卦生。來山八卦不知蹤。八卦九星
空。順逆排來各不同。天卦在其中。
挨定星運細看五行生成。自何卦生來。合元用之。不合元
棄之。如不細看。不知來山蹤跡。即八卦九星茫然無據矣。
何自而辨水神順逆乎。蓋水神順逆。灘從向上推排。
須與來情交會不同而同。乃玄空大卦也。
先看入首龍脉。從何方來。乃定一向。與龍水相生旺。

富貴悠長。若相尅相洩。主貧賤不祥。不知此訣。則八卦九星俱空矣。二十四局。局局順逆不同。天地父母卦中之星。皆懸於天上。聖人曰。日月星辰繫焉。玄當作懸。乃天上之五行也。非大小玄空之謂也。

排星仔細看五行一節

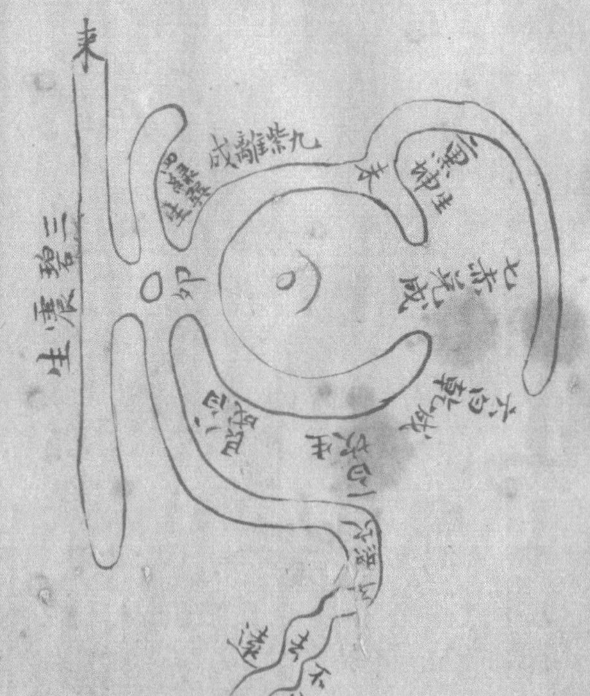

甲庚丙壬俱屬陽順推五行詳乙辛丁癸俱屬陰逆推

論五行陰陽順逆不同途須向此中求九星双起雌雄異

玄関真妙處

甲庚丙壬水火木金之陽也其卦位則一三七九乙辛丁癸水火木金之陰也其卦位則四六二八陽向則水取左旋而順行陰向則水取右旋而逆行此則從本卦論水與干維節從来源論出者互相發也一順一逆雖不同途而潔此中卦氣自一定不易也九星双起山雌水雄両相對

待雙雙而起乃陰陽交媾之玄竅開通之妙義也
此節與干維一節俱論挨星水法之順逆也四隅維位
之水宜順旋而挨星亦用順挨四正支位之水宜逆旋
而挨星亦用逆挨四陽干與四孟之支四陰干與四
季之支亦同此論二十四山零正對待皆是双起之法
而立穴定向或四陽干兼四孟或陰干兼四季亦
為双山双向必須挨星双起以配雌雄則此伸彼屈此
屈彼伸參差互異上下相交而成玄關之妙

甲庚丙壬乃先天一三七九之数乙辛丁癸得二四六八之数
壬甲從乾庚從震丙從艮皆奇数也乙癸從坤辛從
巽丁從兑皆偶数也坎離兩卦一得五数一得十数亦一
奇一偶也坤乙離癸偶中之奇庚震丙艮乃奇中之
偶此係陰陽配合之秘旨今奈世人將八干陽順陰逆
以蓋乾坤艮巽辰戌丑未寅申巳亥子午卯酉一十六龍
故此禍福不驗九星乃天地父母卦中之星双起一從龍
起一從向起合斷砂水之吉凶非大墓起破等之九星

可知矣。順逆見前。

甲庚丙壬俱屬陽順推五行詳

此单舉一卦為例餘可

做此例推

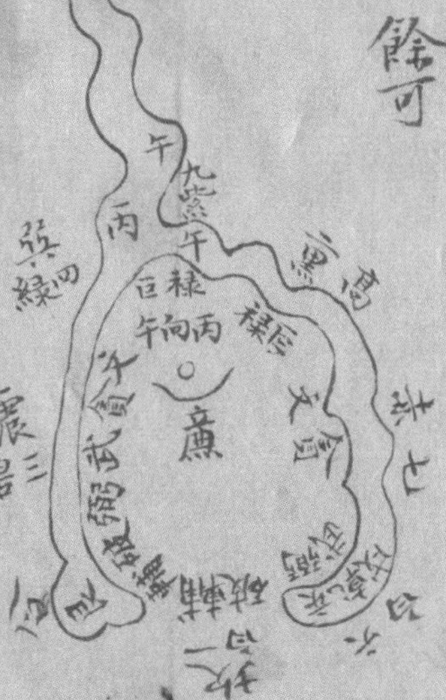

右穴壬子山故內盤用坤壬乙子未卯兩局挨星水來自丙轉

午入兑入乾而左復掉界至丑來龍自巽轉震自震轉坎入

穴又得坤砂作照皆是九星雌雄交媾之玄関

乙辛丁癸俱屬陰逆推論五行

此亦單舉一卦為例

內穴是丁山午山故內盤用午酉丑寅庚丁丙局挨星水来自癸轉子入坤而右边棟界至巽復得乙卯照穴来龍自乾轉兑自兑轉離入首更得艮砂相輔

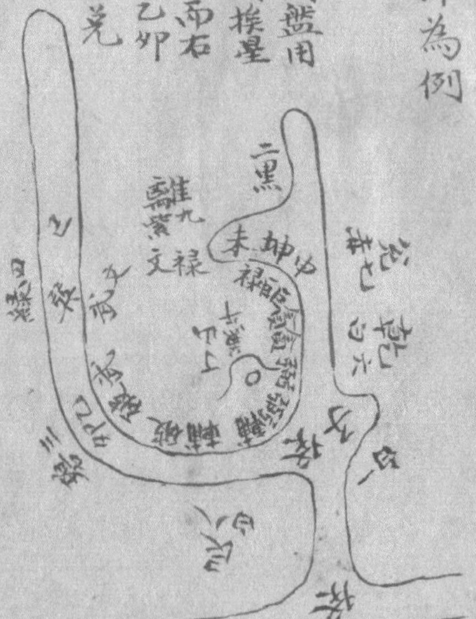

山水一元阴阳交媾同亦龍向水之最合者　此圖及上一圖挨星所謂陽干有時附陰干之逆而逆陰干有時附陽干之順而順者可以例推

續補

逐男位上算經遊。富貴容易求。胎沐養生會長共冠臨衰旺仲季子。排来死墓絶病位亦皆是。分定陰陽順水裝。三子一齊昌。

此言分三房。各位吉凶之不同。若收得貪巨輔武之吉秘水。必主榮昌。而生来會旺旺去迎生。俱以不應何也。総未得天地父母卦中之吉星。是以十無一二可准。

子寅辰與乾丙巳。長男排此位。午申戌與坤壬辛。二男此是真。卯巳丑及艮寅丁。三男位相生。亥卯未兼巽甲癸。四男是化位。
孟仲二局。係先天後天之地。天水火叔季二局。一得山澤兼
之地。一得雷風而兼四六于天地。若依長二三四排。公位是
一死法。如五六七子之公位。如何分剖。不若用賴公之公位訣
是矣。一子向上是真元。二子踏腳兩頭船。三子却從
何處立。孟曰仲請季向前。一四七白虎傷消息。
二五八青龍何須說。三六九對面君子否。此水法分
三房妙見前。

千里來龍問祖宗支水來去凶惟有寅申巳亥水生旺福無比

水之來去不惟拘天干地支俱宜合局寅申合局身着紫衣辰龍戌水富堪敵國天帝天星水去來財祿家有優裕破局寅申巳亥水來朝非瘟火則產難虛癆是生之旺氣亦有不美之處而四墓水來亦有美處可知矣

東西二卦真奇異須知本向水本向本水四神奇代代着

緋衣。

東西二卦。即江東江西也。本向水山水同元也。水為氣之用神。而分元辨運。每元各有四吉。左旋右轉。合得本元四神。發而且久。

本向本水。或淨陰。或淨陽。不得相雜。又得四生氣方。峯巒聳秀。主出紫衣之貴。

東西二卦真奇異一節

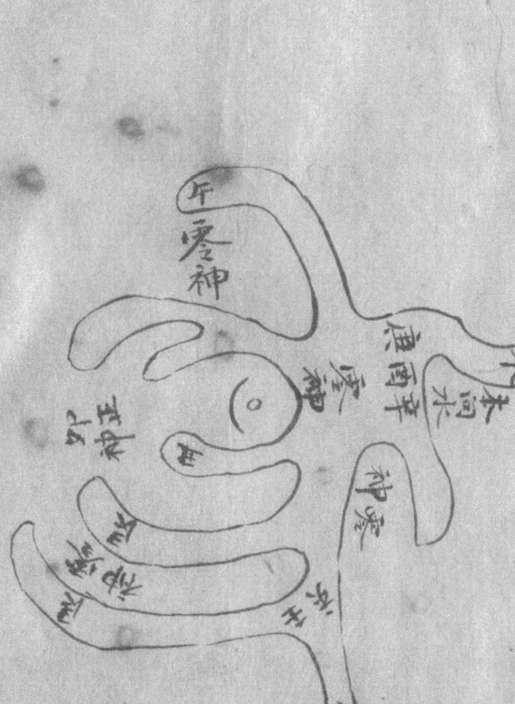

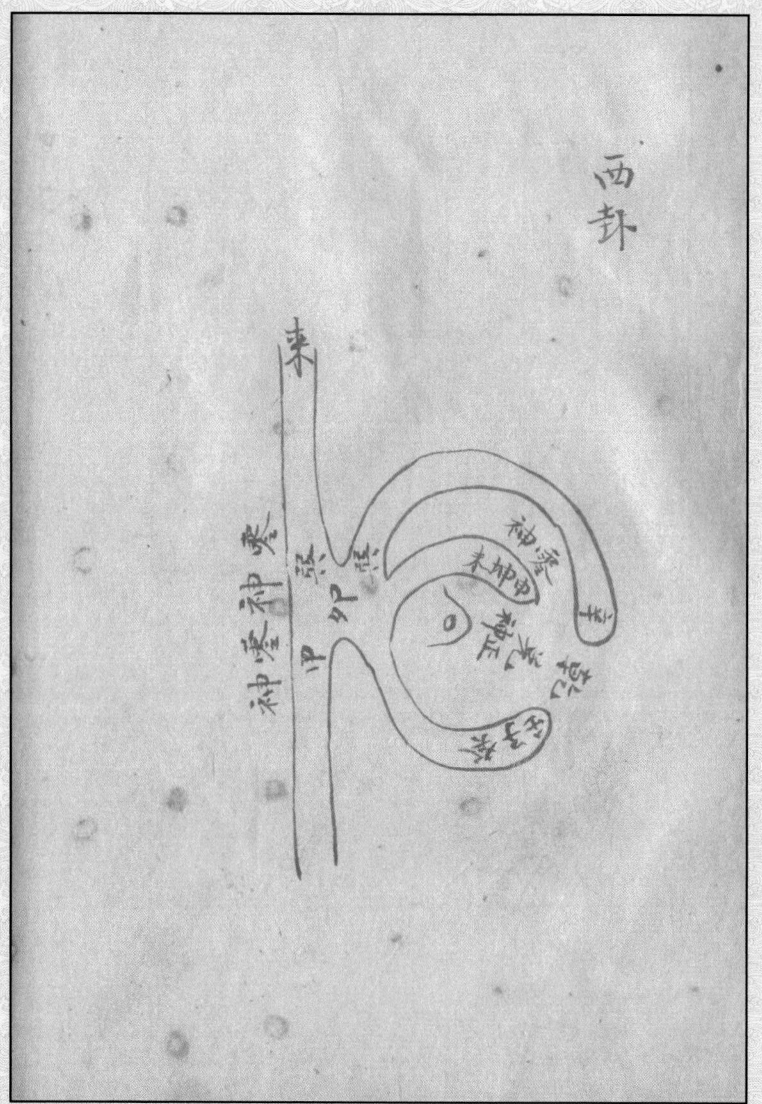
西卦
來

水流出卦有何全一代作官員一折一代為官祿二折二代福三折父母共長流馬上錦衣遊馬上斬頭水出卦一代為官罷直山直向去無翻塲務小官班

水神以當折之玄不出本卦乃為貴格若一折便出卦僅發一代而已故不出卦之水定要審其折數而曲折之水又要防其出卦也若山水直去雖不出卦其官職亦卑

此節特結水路以見水之所係非淺也如水既曲折矣須在

父母之本宮在本宮矣又須折之又折方為可大可久若一折父母每流出卦發也不必然曲折之水又必巒頭理氣兼植其勝斯為可貴如馬上斬頭之格一折父母每流出卦發也不久若山水直去不翻雖在本卦却嬿奔瀉發也不大

書云凡地無砂貴雖求又云有砂無水易登科有水無砂雖富旺是水不能發貴此言一折一代貴非水折賓砂折耳出卦鮮見前

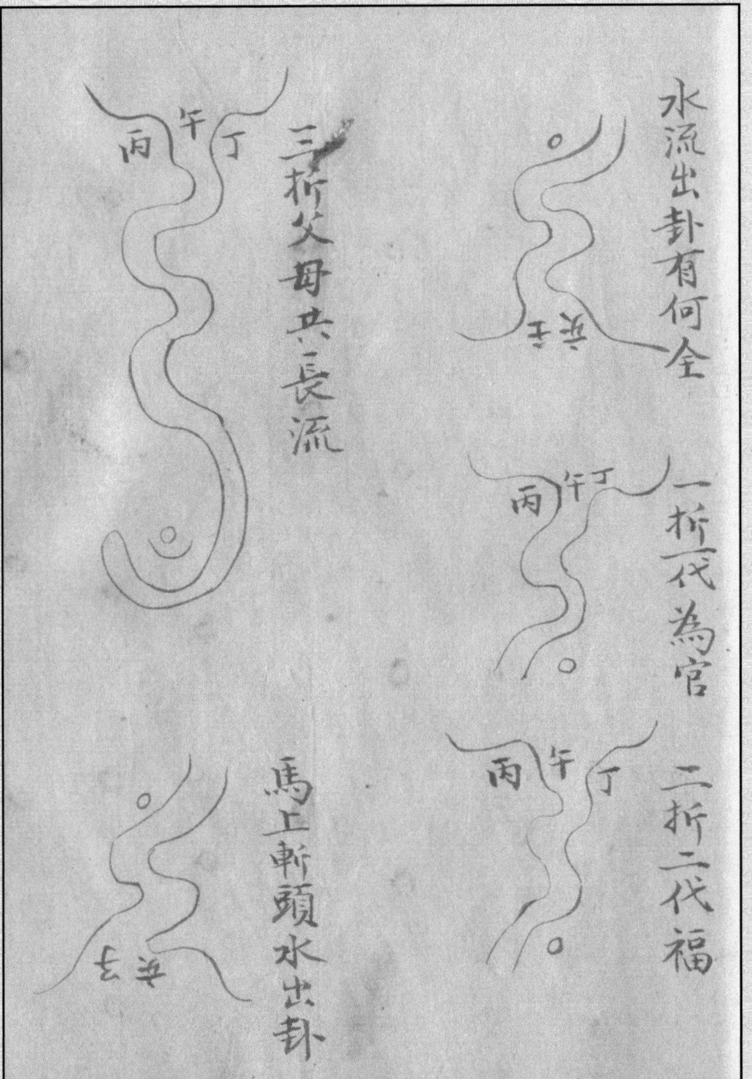
水流出卦有何全
一折一代為官
二折二代福
三折父母共長流
馬上斬頭水出卦
丙
午
丁

直山直向去無

是平洋湖口格局。衆低独高四面有水。是中元内五黄之地。

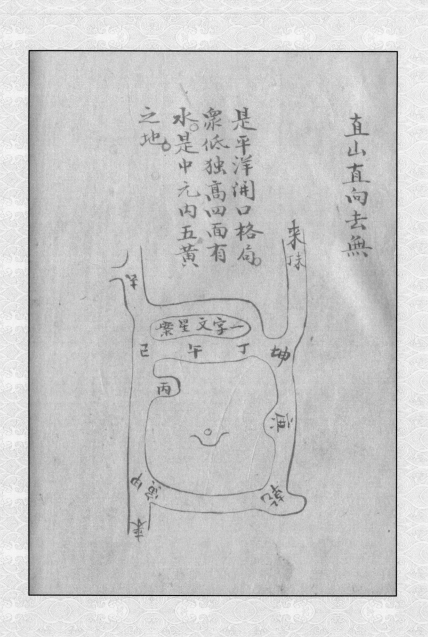

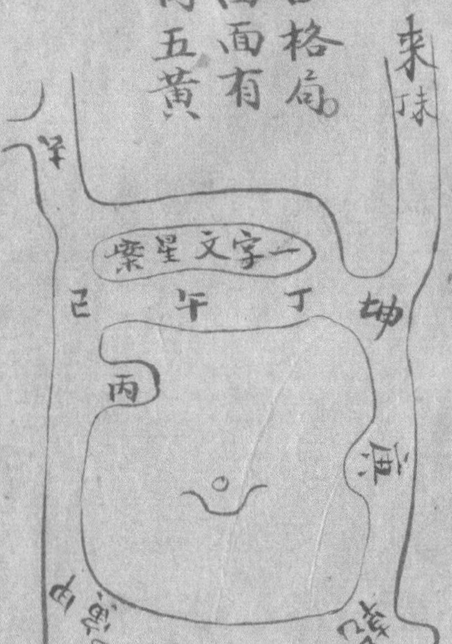

中宮之局有案有朝且兼甲庚壬丙固為貴格帝釋一神在前運際中元能不特發也哉惜也去口直淺而分是以雖富而不盛雖貴而不尊即在旺運亦不過小富小貴發甲登榜終于縣令而已迨至下元雖云失運自能出秀一交午年坎離沖照案砂返氣又能父子同登但公位不免偏枯且有兄弟相爭之應楊公所云直山直向去無翻者即此種之地是也不然豈能真直向而能務官班哉

乾山乾向水朝乾。乾峯出狀元。卯山卯向迎源水。驟富石崇比。午山午向午來堂。大將值邊疆。坤山坤向水坤流。富貴永無休。

此大玄空向水兼收之法也。乾坤卯午各以主運之卦言之。乾山乾向也。則水固乾卦運中之水也。陰陽雖分兩路。其實乃一路也。舉四卦以例其餘。

此節即龍要合向向要合水之義也。說四卦包四卦。俱指水神直出局而言本宮卦內出。作本宮卦內向。

收本宮卦內水則龍向水三者既極生旺而清純自然諸福可致誤作回龍顧祖者非

乾此午龍入首作丙山壬向戌乾水來從寅甲而去或寅甲來戌乾去又得乾艮甲三峯秀美午壬寅戌為先天之乾艮丙為後天之乾甲從乾卦取納乾為八卦之首艮為始終之地甲為天干之首故主發元

卯此亥龍壬山丙向卯水來未上去或庚未來

卯上去卯午戌未起峯丙為先天之震午壬寅戌為後天之震庚亥未震宮所納催官篇云陽衡水朝主驟富故有石崇之比也

午 此卯龍甲山庚向未水來亥上去或亥水來未上去卯午庚壬諸峯卓拔挺秀卯庚亥未為先天之離甲為後天之離震為雷有胆畧午為干戈故主大將書云震庚會而耀武震庚產威武之兒

坤 此申龍入首立辛山乙向癸水來辰上去或乙辰來子

癸壬子乙申辛數峰潮秀。乙納于坤。子癸申辰為先天之坤。辛為後天之坤。坤之先天在坎。後天中男居之。水土並旺。故主富貴無休。艮巽子酉倣此。

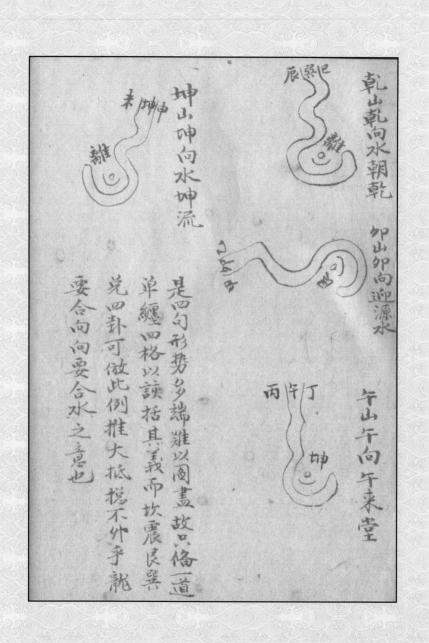

乾山乾向水朝乾

卯山卯向迎源水

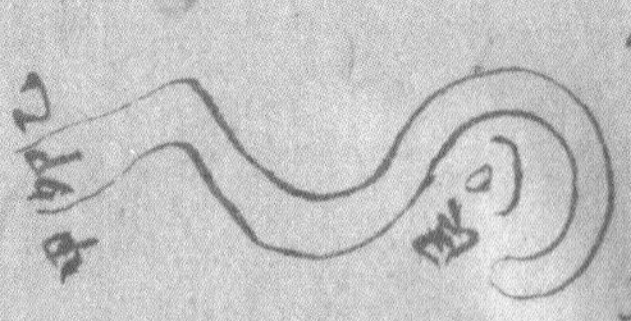

午山午向午來堂

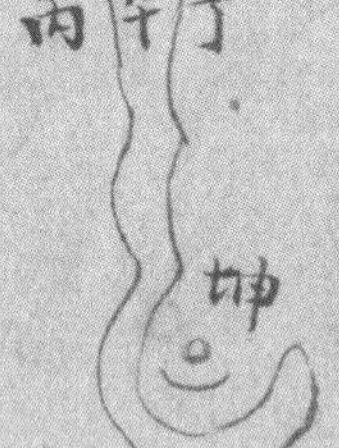

坤山坤向水坤流

是四句形勢多端難以圖盡故只備一道单纏四格以該括其義而坎震艮巽兑四卦可做此例推大抵總不外乎龍要合向向要合水之意也

辨得陰陽兩路行。五星要分明。泥鰍浪裏跳龍門

渤海便翻身。

辨兩路之法。在乎倒排。分五行之訣。在認祖脈。用倒排共路兩神得其真。認祖脈。零正山水安其位。揔之陰陽兩路。共將五行生成盡偏。便分明矣。泥鰍浪跳渤海翻身。喻龍從水中逆翻而來也。

辨得陰陽。識得五行。方知消納砂水預定吉凶禍福便是渤海飛騰也。

辨得陰陽兩路行一節

巽震之龍發足坎龍入首

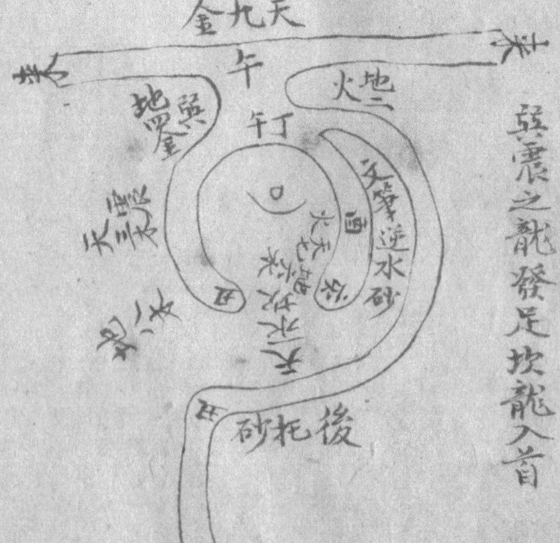

依得四神為第一官職無休息穴中八卦要知情穴内卦裝清

前篇說向水四神来及来龍此又從穴上逆追到龍以補其向水之本體也情者龍脉之来情也向水四神固重来情尤要清純須從穴中審究使来情卦位裝清也

二十四山山山俱有四神神者砂法中之生氣主富貴悠長

古云四神八將砂蒼蒼策射金门期第一點穴之時須分清楚

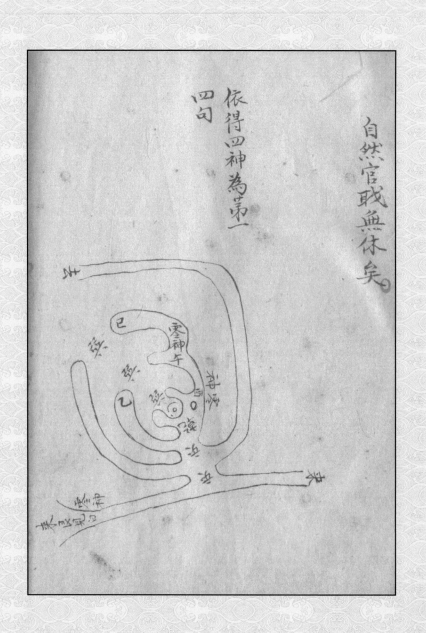

自然官職無休矣◎

依得四神為第一

四句

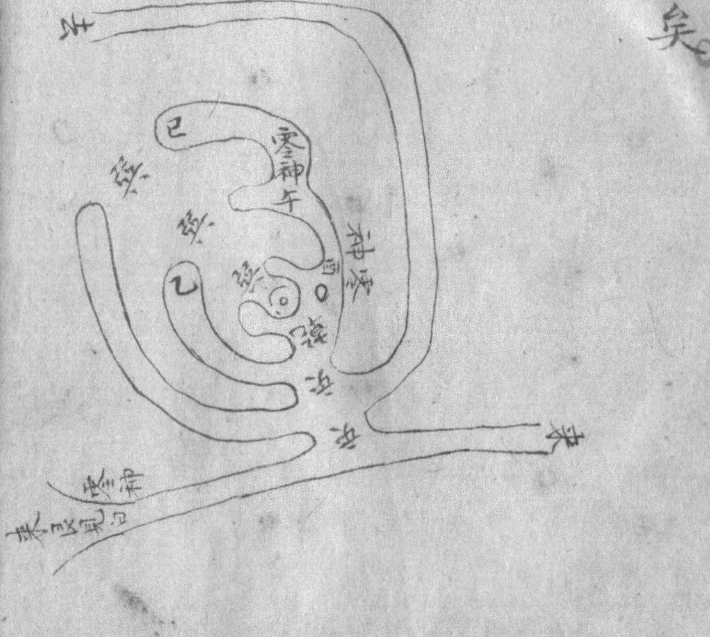

要求富貴三般卦。出卦家貧乏。寅申巳亥水来長。五行向中藏。辰戌丑未四金龍。動得永不窮。若還借庫富後貧。自庫樂長春。

此節言四隅打刼局。欲求富貴。摠在不出卦。而四隅之卦。如得二支。則于四正宮分。不無侵占。故于寅申巳亥曰向中藏。于辰戌丑未曰自庫。摠要收八乾坤艮巽向中。不欲使侵入四正也。言龍言水。互文也。借庫出卦也。自庫不出卦也。自重在出卦不出卦。不重墓庫也。

凡出富貴之地。不辨天地父母卦中之配合。砂之出卦主無官。水之出卦家貧乏。五行向為主宰。如亥山巳向。水歸庫而反流未。謂之借庫。歸丑是本庫。俱有無窮之樂。

要求富貴三般卦一節三圖

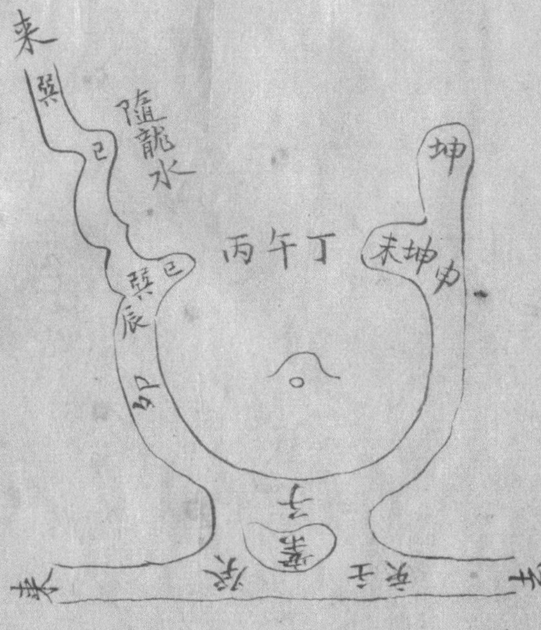

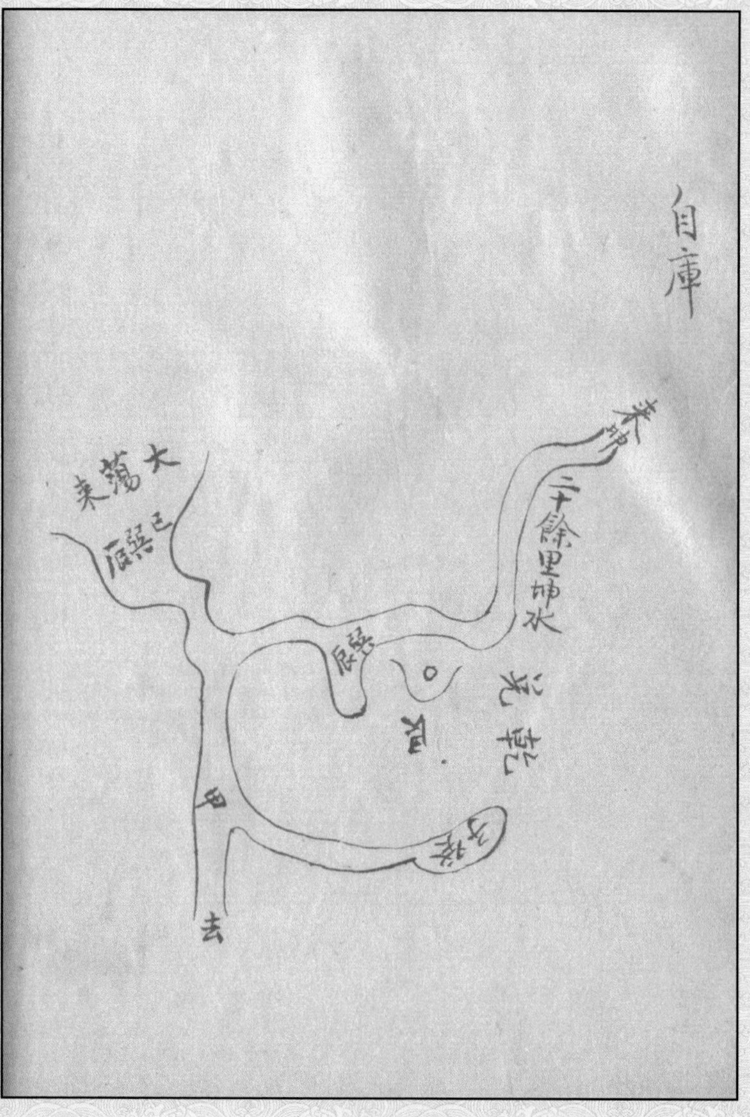
自庫
來坤
二十餘里坤水
大蕩來
乾
甲
去

借庫

穴依龍回之處收清坎辰中下元可發一交上元退敗二旬至甲申二旬平吉至辰二旬丁敗復退

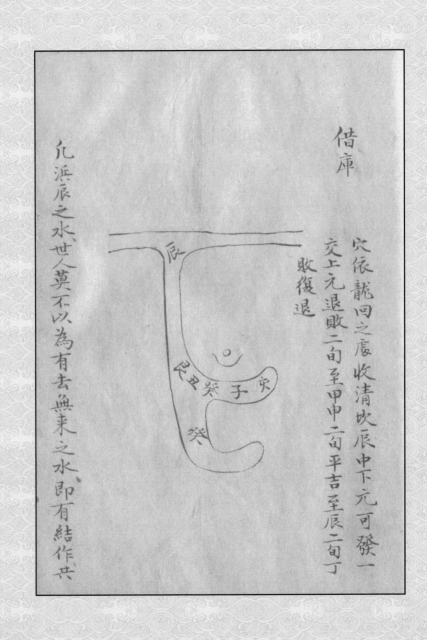

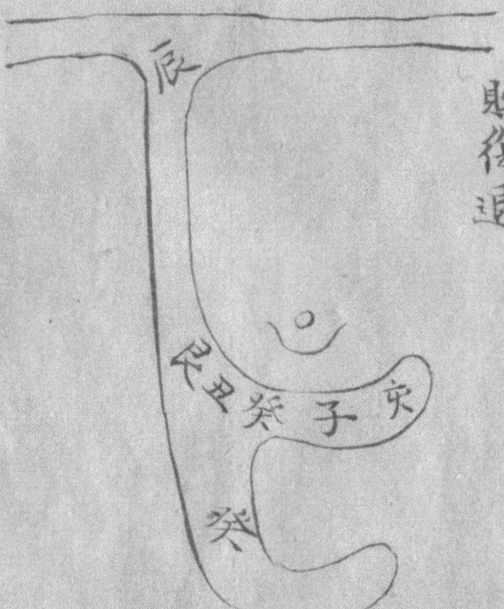

凡浜辰之水、世人、莫不以為有去無來之水、即有結作、共

指為順水局大失古人穴依龍頭之義矣、不知浜底之水、有入無出、正朝水所止之處、水既于此止、氣必從此入、所謂元關一竅、陰陽玄牝之门也、猶人之丹田、藏蓄元陽、以滋榮一身、有時下泄尾閭、以盡交媾化生之妙、烏得謂龍頭之水、有去無來、有出無入哉、

大都星起何方是五行長生旺大旆相對起高岡職位在學堂捍门官国華表起山水亦同例水秀峰奇出大官四位一般看

是星峰也生旺大玄之空生旺也大旆捍门官國華表皆指星峰之秀麗者言之而平洋水向亦如高山峰奇皆能獲貴故曰同例若在本元四吉又合五行生旺無不驗也此言生旺下言四墓楊公何嘗不言三合何嘗不從生旺地求高峰

但不合元運。則無憑耳。

星辰不拘起于何方。或前後。或左右。假如木局。水星起是生。木星起是旺。相對承上文五行向中藏是也。主出大官。金水火土四局。皆可類也推。四位一般。看在此也。大旆學堂。皆主指正南而定。捍门華表。皆指水口而言。

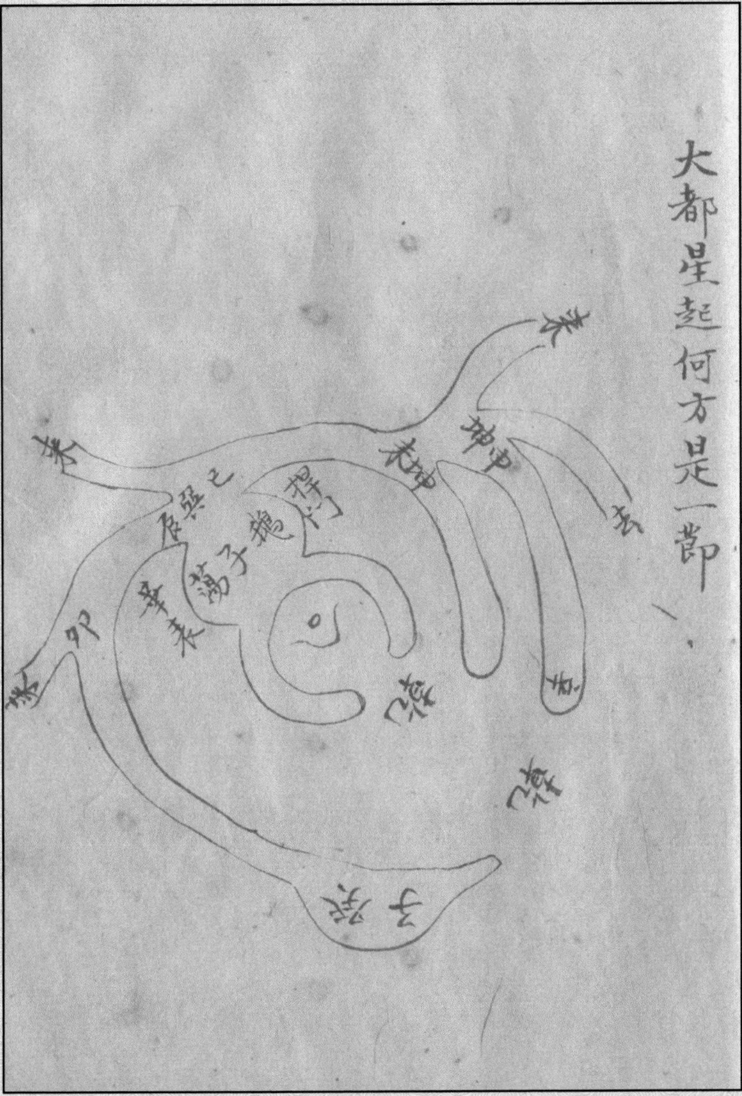
大都星起何方是一節

坎離水火中天過龍墀移帝座寶蓋鳳閣四維朝寶殿登龍樓。罡刼吊煞休犯着四墓多銷鑠。金枝玉葉四孟裝。金箱玉印藏。

坎之陽在陰中。陰以含陽乃為真陽。離之陰在陽中。陽以桐陰乃為真陰。坎離一交成乾坤。其力量能貫三元。最為悠久然子午中天池而各半。最难立向。故曰中天過。午為龍墀在前。子為帝座在後。向移而座亦移。旋轉無窮也。坤為寶蓋。艮為鳳閣巽為寶殿。乾為龍樓。乃星格之最貴者。然合運則吉。失運則凶。辰為罡。戌為刼。丑為吊。未為煞。此以失運言之。失運則墓氣應也。巳為金枝。亥為玉葉。寅為金箱。申為玉印。此以得運言之。得運則生氣應也。

坎水離火。言日月晝夜不息。行乎天中。日一歲一週。月一月一週。諸星隨日而行。故有帝座之說。餘皆言二十四山之星名也。子為帝座。癸為鑾駕。

丑為天吊。艮為鳳閣燿。寅為天財玉印。甲為
鬼煞。卯為將星金水。乙為功曹。辰為天罡。
巽為寶殿紫氣。巳為金枝。丙為釋帝炎烈。
午為龍墀。丁為帝輦帝敕。未為天。坤為
寶殿尊佐。申為金箱。乾為龍樓大陰。亥為微
紫玉藻。壬為元武咸池。

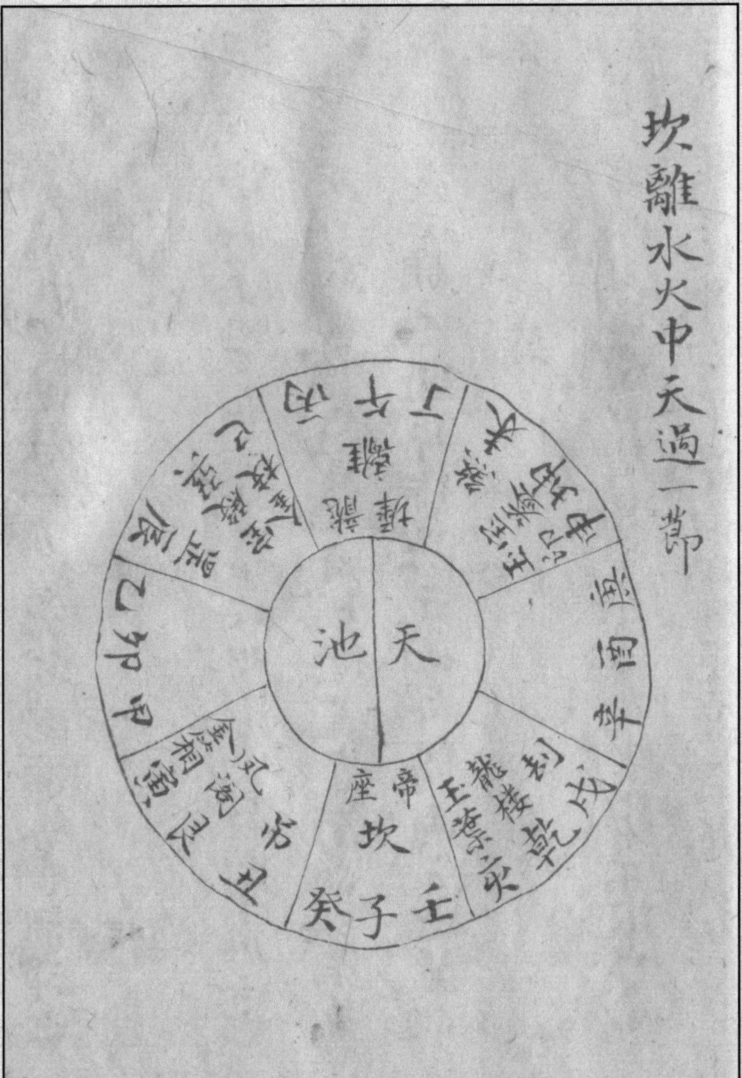
坎離水火中天過一節
天池
帝座
坎
壬子癸
甲卯乙
乾
戌

帝釋一神定縣府紫微同入武倒排父巻龍神富
貴萬餘春母
帝釋丙也紫微亥也入武壬也言丙可該甲庚壬言
亥可該寅申巳言縣府州衙盡皆南向以星兼
亥壬翻來逆行作向一元而并得兩元之氣故
永遠不替
誠
言明府治堂向皆同而來龍水城各有不一若不明
天地父母卦之九星何以知其富貴悠久

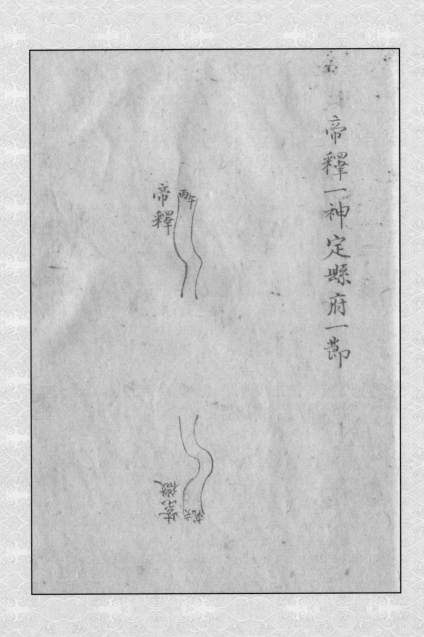

帝釋一神定縣府一節

識得父母三般卦便是真神路北斗七星去打刧離宮要相合

識得卦位神位不可不知倒排之法刦者刧運零神是也打刧即顛倒之義斗杓指南即斗魁指北正向零堂互相轉移故曰南宮相合即龍要合向向要合水之意也

于江東一卦之吉四陽干順排四季為正神逆排四孟為零神四陰干順排四孟為正神逆排

四季為零神安得如紫微帝釋之例故四隅有補救十八句能明此理便會打刧雖坐着北斗第七星位如坎癸之寅離丙之乙無不可以作向消水帝釋句是四九為友紫微句是一六共宗故北斗打刧要離宮相合也推而言之艮龍丙向未坤消水亦是離宮相合然江西之卦八神四個二之句此處不可混入今人既識得天地父母之五行併河洛之正理可以知其吉凶是得真神路矣而生死禍福皆在傳內東

西南北任君合之不獨離坎每相合而矣
更有一星佐尊貴坤是聖星位甲庚丙壬四龍神俱
屬陽干行乾坤艮巽水向同富貴足豐隆辰戌丑
未一路行驟富振家聲
尊佐坤名金星指辛而言辛納于巽辛見坤
為先後天相見立艮向乃先天雷風相搏之
局主富貴豐隆甲丙庚壬俱載於前乾坤
艮巽五行不同其理只一辰戌丑未亦皆如

是。

識得父母三般卦北斗七星去打劫

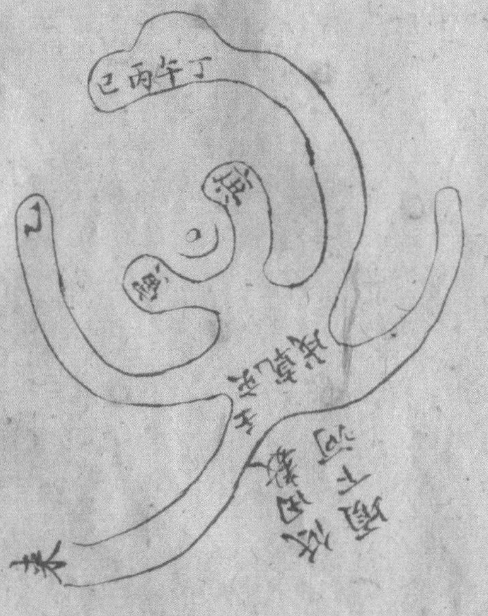

依得卦中為第一。失卦軍賊出。不依方卦失真傳。何必亂談天。子午卯酉四龍崗。作祖人財旺。水長百里佐君王。水短便遭傷。

子午卯酉四正中爻也。水長言曲〻折〻揔不出卦也。水短言一折便出卦也。因北斗離宮言。及子午并卯酉而概舉之。言父母正神之氣。貴源大流長。若僅得丈水。去來雖屬零神。猶忌其短也。

今人不宗聖賢實理。謂之誤。天更不知子午卯酉皆言日月。龍穴砂水合局。出人輔佐君王。謂之得卦。破局為失卦。主出盜賊。若消納不法。為官有殺戮之禍。故曰水短只遭殃。

第九節圖

水長百里佐君王

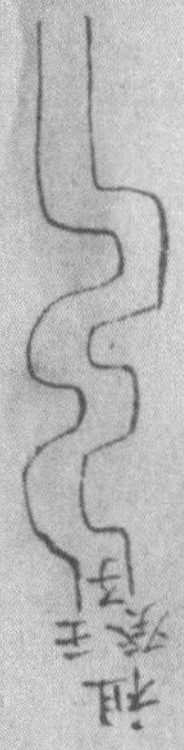

水短便遭傷

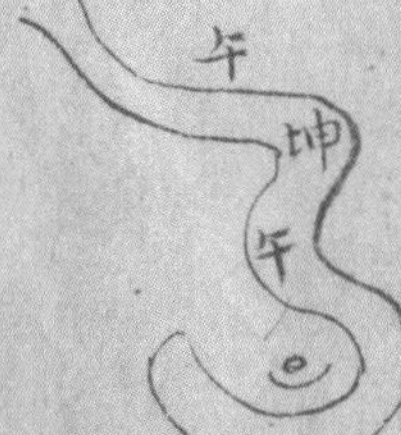

識得陰陽兩路行。富貴達京城。不識陰陽兩路行。萬丈火坑深。

山自管山。水自管水。陰陽順逆。劈分兩路。不可不識。已以識得龍穴砂水之陰陽。併先後天之妙用。富貴有何難哉。不知此。妄用扦葬。其害非小。勝是萬丈火坑。

以下俱就上文而咏嘆之

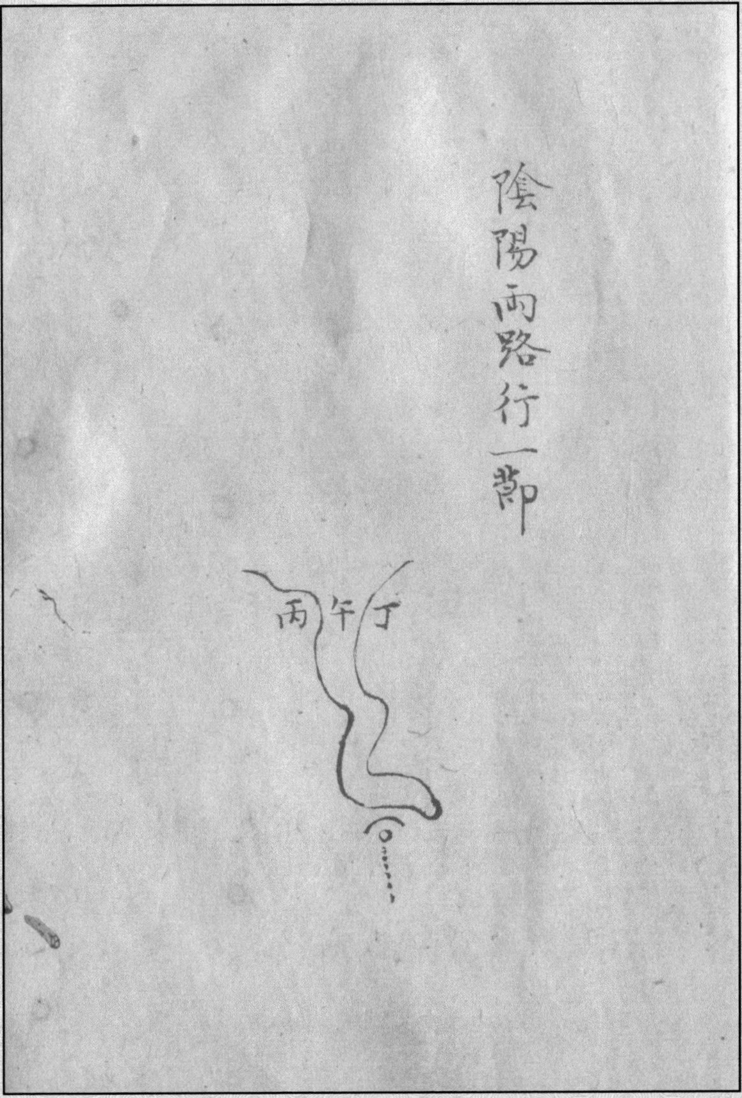
陰陽兩路行一節
丙
午
丁

前兼龍神前兼向聯珠莫相放後兼龍神後兼向
排定陰陽筭明得零神與正神指日入青雲不識
零神與正神代代絕除根
龍神向首皆有兼前之法兼後之法兼者子息
兼父母父母兼子息只就零神正神步位言之非
世俗分金兼向之謬說也零正之義有五生入尅入
一也正向忌流支二也自庫借庫三也可刼不可刼
四也單向單零雙向双零五也通此五義方當得

一明字
前兼者是言先天之龍而立先天之向也聯珠者非
生旺墓之聯珠乃陰陽配合之義也後兼者言後天
之龍而立後天之向也若識得先後天之正理方能
配合陰陽可以指日青雲發貴甚速不知此理而
配合其誤恐有覆宗絕嗣之禍如先天坎龍即
後天之兌立乙向是配先天之坤子水矣亦是先
天之坤又合地二生坤火天七兑成之乃後天之火聯

珠也。先沒天合而為一。龍穴砂水向有一誤配。雖免除根之患。金木水土倣此。

前兼龍神兼前向一節

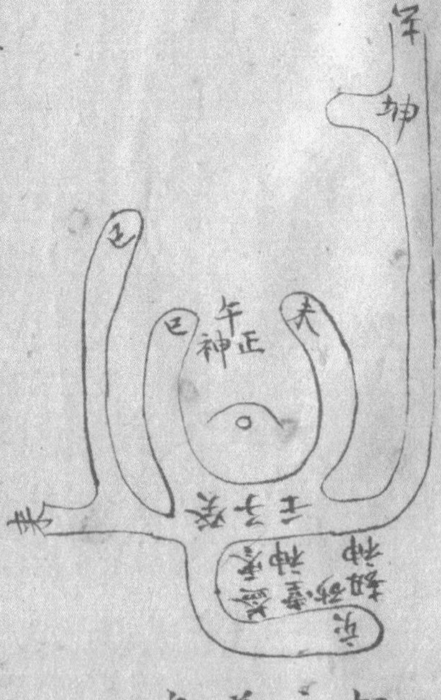

此即上篇所云前沒相兼定分定兩边安之意蓋立穴定向須尊其父母以統其子息也

倒排父母是真龍子息達天聰順排父母到子息代代人財退

零神須用倒排乃為真龍後蔭若如正神順排則反受煞氣矣第二句子息以人丁言第三句子息以卦爻言

倒排者指入首五行而言也入首五行屬火後龍屬木是生屬火是旺屬金是奴行至此旺財添丁發秀若後龍屬水是煞屬土是洩至此損丁退

敗。

倒排父母是真龍

兩枝榑抱
兩馬同槽

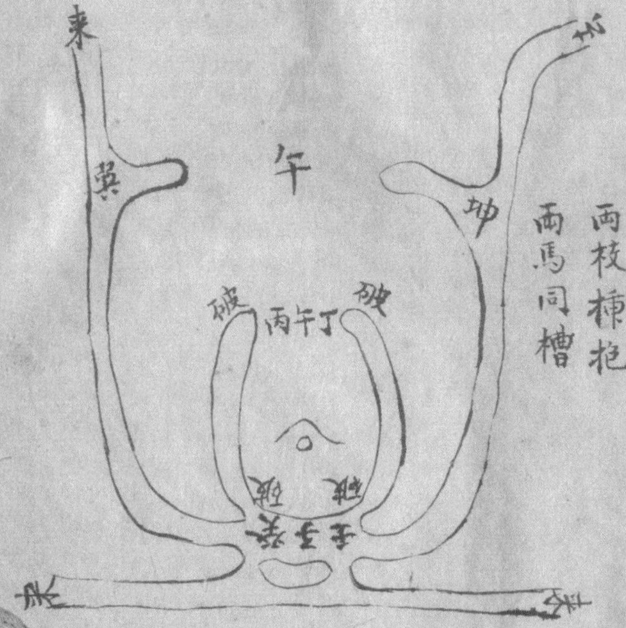

順排父母到子息

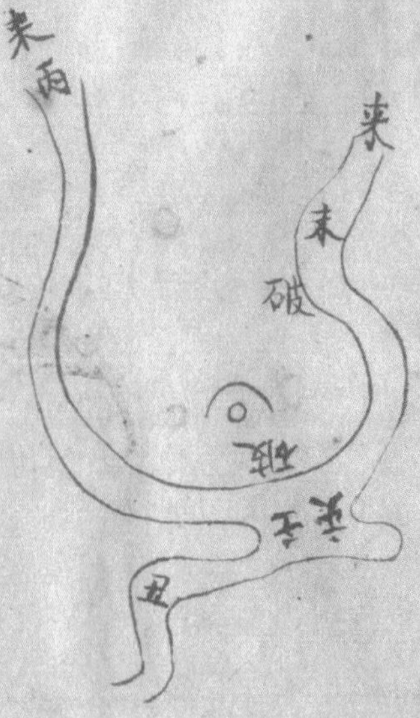

一龍宮中水便行子息受艮辛四三二一龍逆去四子均榮貴龍行位遠主離鄉四位發經商水短又只在一卦揔發不久若本元四位齊到必房房俱發位遠出卦也主離鄉若出卦而復還本元四位又主為商而得財也

一龍言子癸申辰乾甲二龍言坤乙酉丁巳丑三龍言卯庚亥未艮丙四龍言巽辛午壬寅戌便行者順水也主子孫貧乏逆去是砂同水同主有榮貴之應砂

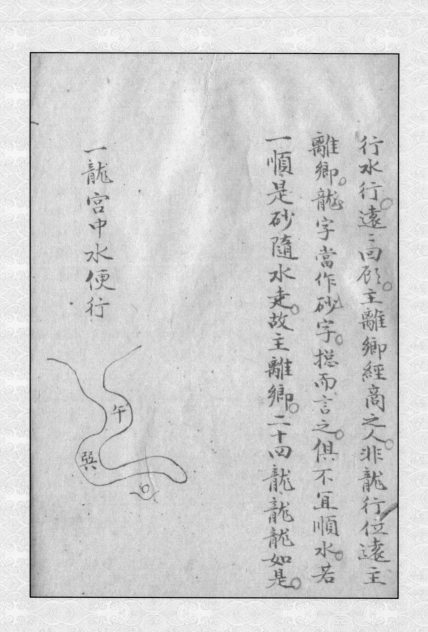

行水行。遠〻回顧。主離鄉經商之人。非龍行位遠主離鄉。龍字當作砂字。揔而言之。俱不宜順水。若一順是砂隨水走。故主離鄉。二十四龍龍龍如是。

一龍宮中水便行

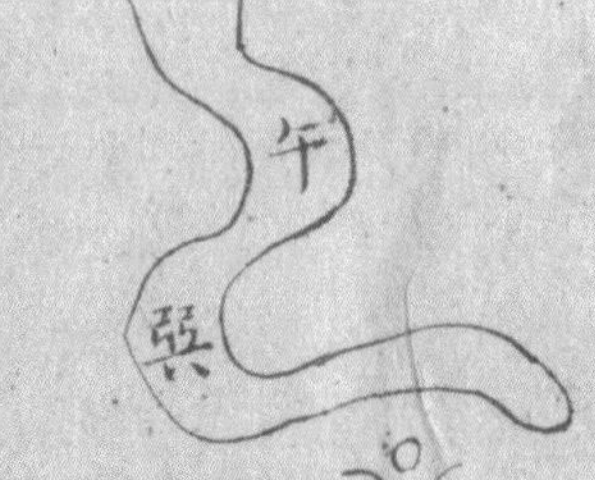

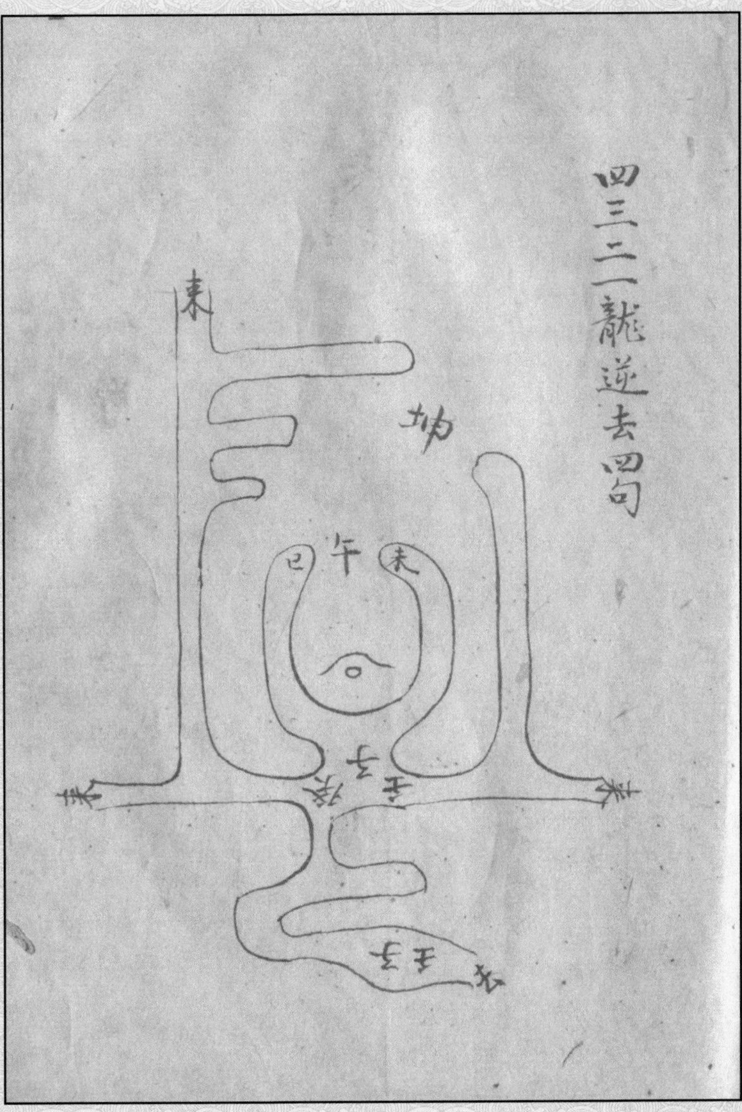
四三二一龍逆去四句
來
坤
巳
午
未
去

時師不識挨星學只作天心模東边財穀引歸西北到南方推老龍終日臥山中何嘗不易逢止是自家眼不的亂把山岡覔

不識挨星只從穴上模索于是東卦而混入西北神而誤入南胡行亂指真龍豈識乎能挨星秘訣久矣失傳今人非但不識挨星之法而形體亦未曾知之豈能免亂把山崗覔乎南至北東至西此是四冲之年應遇吉則吉遇凶則凶如卯吉

未亥亦吉。此是三合之應。學者。宜留心細〻推之。

無碍子曰。天玉經。專主理氣。語〻精要。讀者須分清兩個卦。及三般卦。無令糾葛。即作用大得矣。

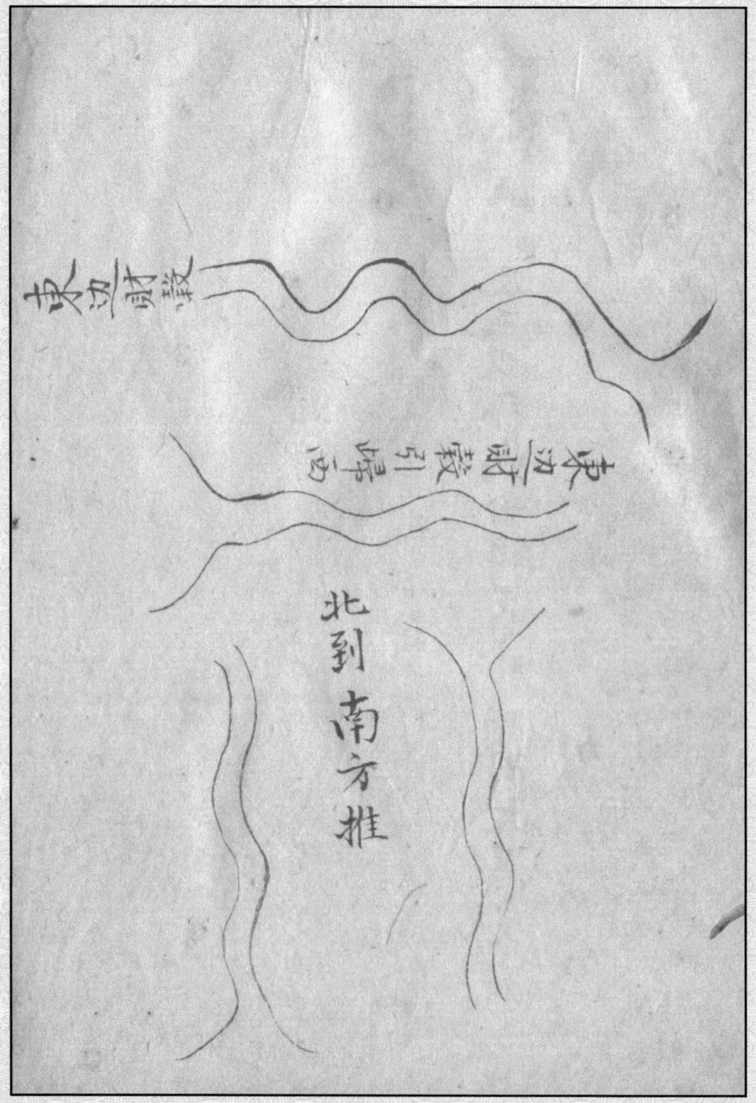
東边財穀
東边財穀引歸西
北到南方推

世人不識天机秘。洩破有何益。如今傳得地中仙。玄空妙难言。翻天倒地更玄玄。大卦不易傳。更有收山出煞訣。亦兼為汝説。若還求地不種德。穏口深藏舌。不知者。勿談。不種德勿語。是當日授受叮嚀之旨也。

收山出煞訣

乾坤艮巽。收子午卯酉。甲庚壬丙。收辰戌丑未。乙辛丁癸。收寅申巳亥。去水來水在所收之內。為出煞。

在所收之外為不出煞此即金針子癸三節之意
也

經四位起父母圖　收山出煞要訣

陽順

乾坤艮巽甲丙庚壬辰戌丑未

上元　中元　下元

父母貪文破　到位　午卯酉子戌丑辰未壬丙庚甲

巨廉輔　丁乙辛癸乾艮巽坤子午卯酉

祿武弼　未辰戌丑亥寅巳申癸丁辛乙

經四位起父母圖　收山出煞要訣

陰逆

上元 中元 下元

父母貪文破　列位　子午卯酉庚甲巳亥乙辛丁癸

巽乾坤艮丁癸辛乙申寅亥巳

巨廉輔　辰戌未丑午子酉卯坤艮乾巽

祿武弼　乙辛丁癸丙壬庚甲未丑戌辰

文破貪　卯酉午子巳亥申寅丁癸辛乙

廉輔巨　甲庚丙壬巽乾坤艮午子酉卯

武弼祿　寅申巳亥辰戌未丑丙壬庚甲

破貪文　艮坤巽乾乙辛丁癸巳亥申寅

輔巨廉　丑未辰戌卯酉午子巽乾坤艮

弼祿武　癸丁乙辛甲庚丙壬辰戌未丑

陰逆者從右逆旋而左也女巽宮經四位是子下元從巽上起七破則輔在辰逆佈九星逆行至子位亦是七破從子位起七破順佈九星順行至巽上亦是須要從各元位上經四位起父母排看山向屬何卦

文破貪　坤巽乾艮壬甲丙庚丑未戌辰

亷輔巨　申巳亥寅子卯午酉艮坤乾巽

武弼禄　庚丙寅甲癸乙丁辛寅申亥巳

破貪文　酉午子卯丑辰未戌甲庚壬丙

輔巨亷　辛丁癸乙艮巽坤乾卯酉子午

弼禄武　戌未丑辰寅巳申亥乙辛癸丁

陽順者從左旋而右也如上元午上起貪狼則巨在丁順佈九星順行至乾第四位而貪狼在焉此經四位

起父母法也自乾宮逆佈九星逆行至于第四位而貪狼亦在焉此經四位倒排法又如艮宮順經四位是午若午上起七破則武在丙逆佈九星逆行至艮亦是七破逆艮宮順佈九星順行至午亦是

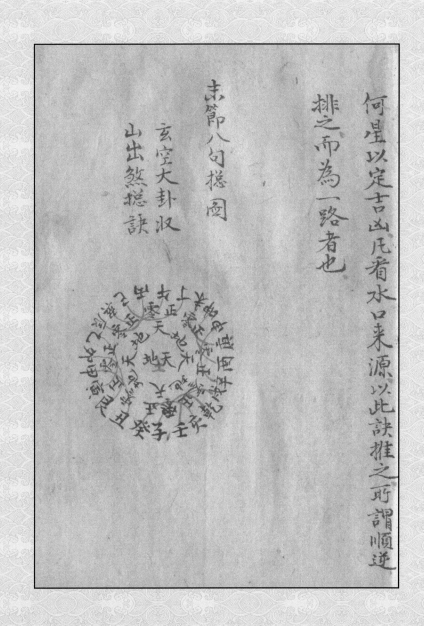

何星以定吉凶凡看水口来源以此訣推之所謂順逆排之而為一路者也

末節八句摠圖

玄空大卦收山出煞摠訣